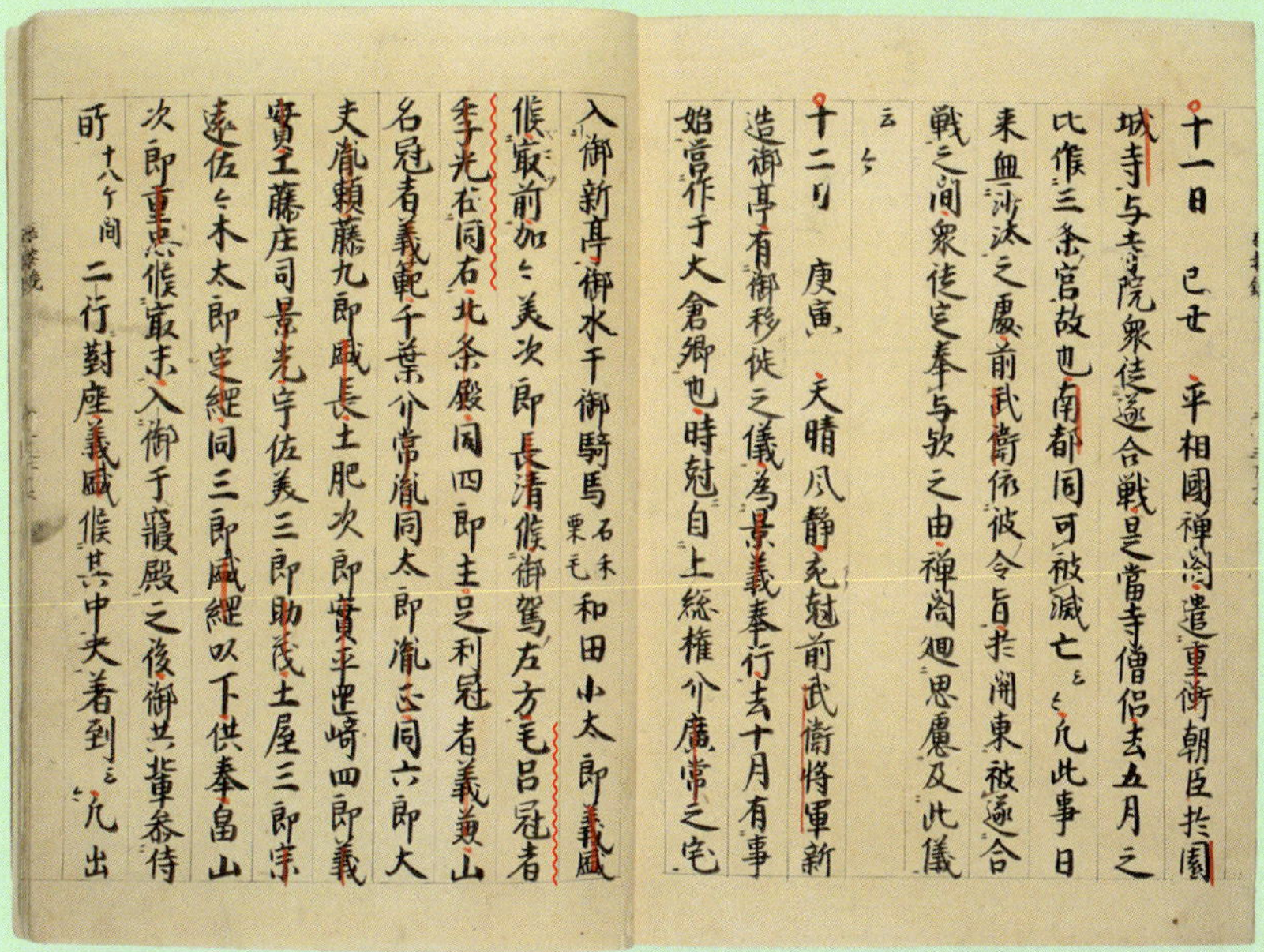
十一日　己丑　平相國禪閤遣重衡朝臣於園
城寺与寺院衆徒遂合戦是當寺僧侶去五月之
比依三条宮故也南都同可被滅亡云々凡此事日
来無沙汰之處前武衛依彼令旨於関東被遂合
戦之間衆徒定奉与欤之由禪閤廻思慮及此儀
云々
十二日　庚寅　天晴風静亥尅前武衛将軍新
造御亭有御移徙之儀為景義奉行去十月有事
始営作于大倉郷也時尅自上総権介廣常之宅
入御新亭御水干御騎馬石禾栗毛　和田小太郎義盛
候最前加々美次郎長清候御駕左方毛呂冠者
季光在同右北条殿同四郎主足利冠者義兼山
名冠者義範千葉介常胤同太郎胤正同六郎大
夫胤頼藤九郎盛長土肥次郎實平岡崎四郎義
實工藤庄司景光宇佐美三郎助茂土屋三郎宗
遠佐々木太郎定綱同三郎盛綱以下供奉畠山
次郎重忠候最末入御于寝殿之後御共輩参侍
所十八ケ間二行對座義盛候其中央着到云々凡出

『吾妻鏡』(北条本)治承四年十二月十二日之条

源頼朝の馬の右に供奉する毛呂季光
〔毛呂季光が初めて歴史に登場する〕

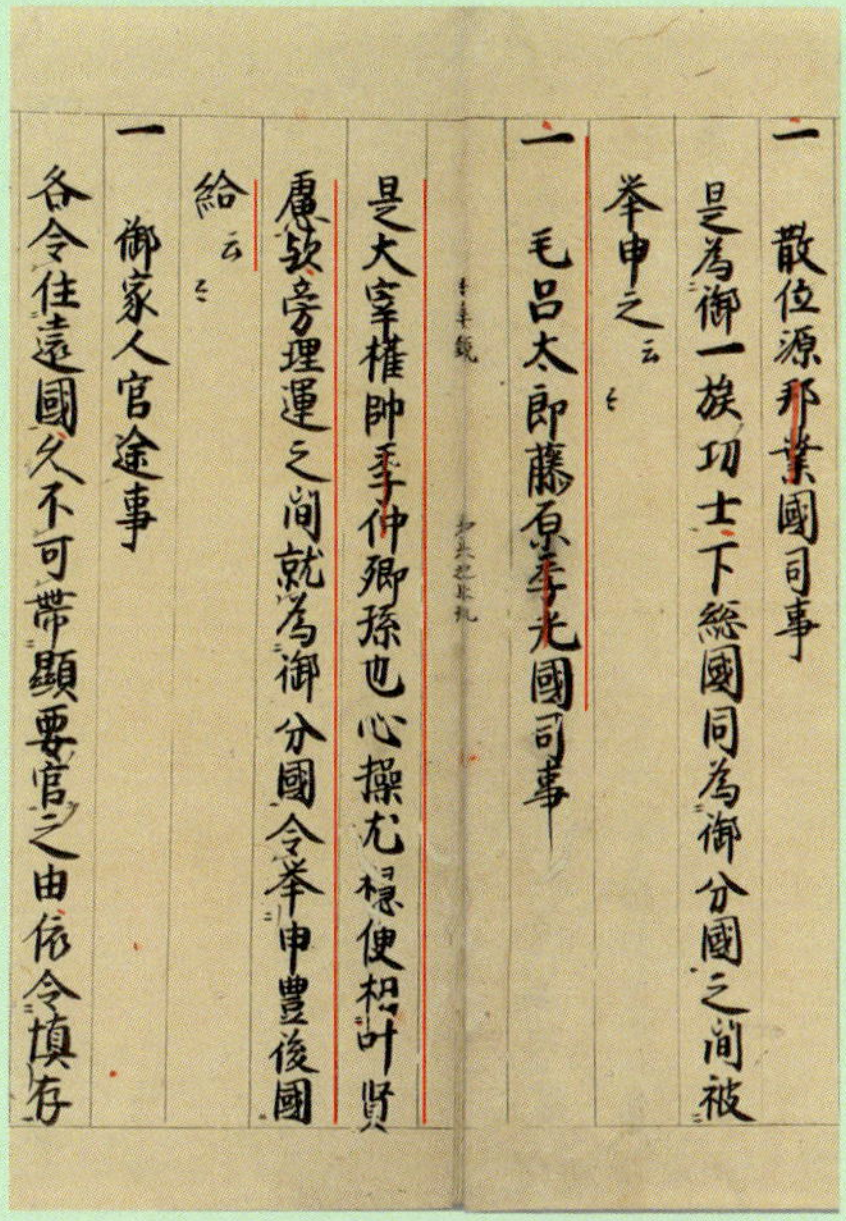
一　散位源邦業國司事
是為御一族功士下総國同為御分國之間被
挙申之云々
一　毛呂太郎藤原季光國司事
是大宰権帥季仲卿孫也心操尤穏便相叶賢
慮欤旁理運之間就為御分國令挙申豊後國
給云々
一　御家人官途事
各令住遠國久不可帯顕要官之由依令慎存

一、毛呂太郎藤原季光を国司に任ずべき事
この者は、大宰権帥（藤原）季仲卿の孫である。性格はすこぶる穏やかで、（後白河院の）お考えによく叶うでしょう。何にせよ適当であるので、（頼朝の）御分国である豊後国の国司に推挙申し上げる。

（『現代語訳 吾妻鏡4 奥州合戦』吉川弘文館より）

『吾妻鏡』文治二年二月二日之条（部分）

季光公の碑（大谷木）

明治15年（1882）毛呂氏の子孫、山田吉令や大谷木季利等によって建立された。大沼枕山撰并書。

榎堂（毛呂本郷）

毛呂氏が最初に館を構えた所とも季光の墓所ともいわれる。

出雲伊波比神社本殿（国指定重要文化財）

建久三年（1192・「毛呂記録」では建久二年）、毛呂季光が毛呂氏の氏神を飛来大明神として祭ったものである。大永八年（1528）、子孫の毛呂顕繁が再建する。

毛呂顕繁公（一田幻世庵主）木像

江戸期の作とはいえ、毛呂顕繁像は世紀の発見と言える。〔長栄寺蔵〕

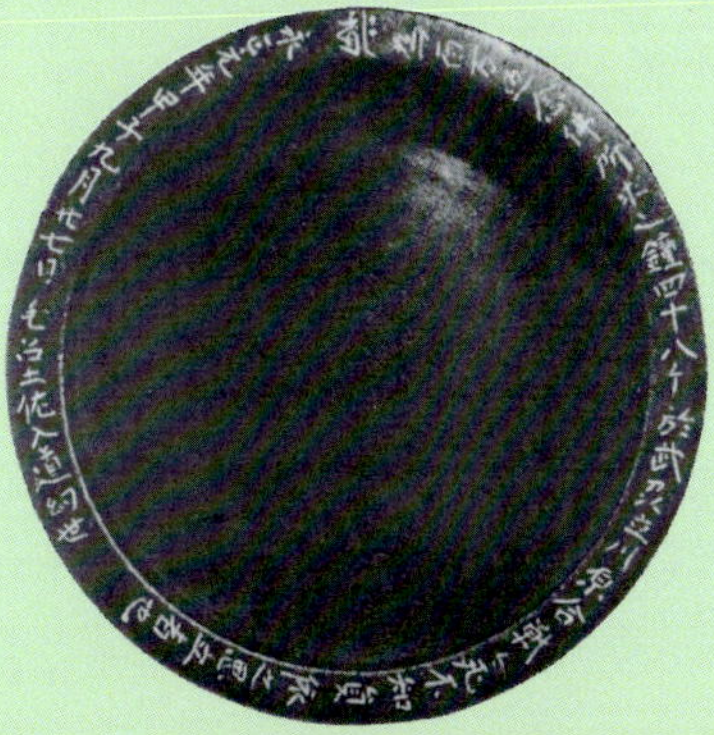

毛呂土佐入道幻世の念仏鐘

〔個人蔵／立川市教育委員会提供〕

一田幻世庵主供養塔

（町指定文化財）〔長栄寺〕

一田幻世庵主位牌

〔長栄寺蔵〕

現在の流鏑馬

毛呂の流鏑馬は建久三年(1192)九月二十九日、毛呂季光が飛来大明神に奉納したのに始まる。今も季光の館跡といわれる榎堂の榎を廻って神社に向かう。

毛呂氏館跡より出土した
赤漆のお椀

毛呂氏の当主クラスが使用したものか。
口径14.5cm
〔写真提供・毛呂山町歴史民俗資料館〕

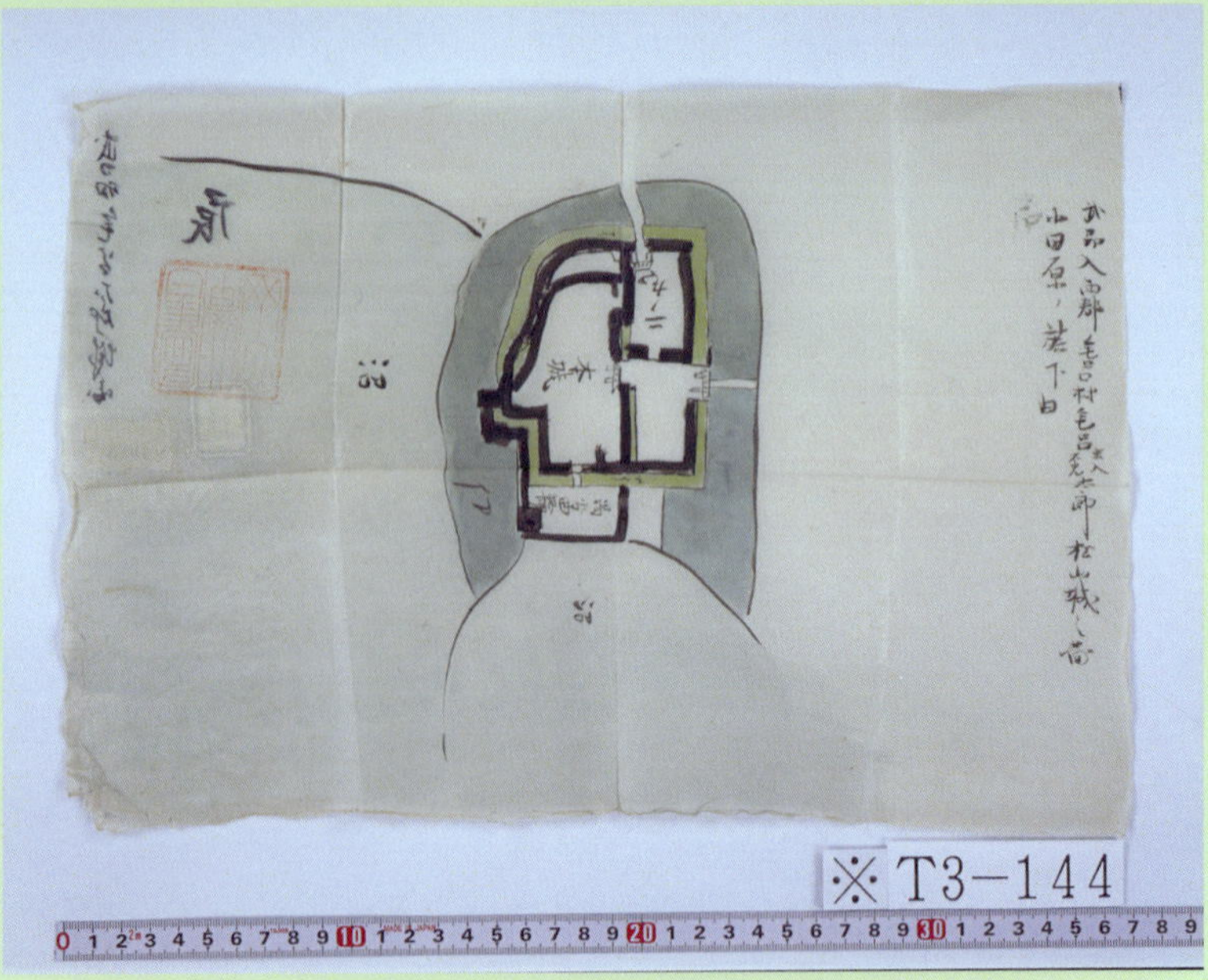

武州入西郡毛呂村毛呂太郎松山城之図〔池田家文庫〕

前半に重きを置いてみると毛呂山町毛呂氏館跡(山根城)、後半に重きを置いてみると東松山市の毛呂太郎古城跡ととれる。はたしてどちらか。〔岡山大学附属図書館蔵〕

内野 勝裕

毛《も》呂《ろ》季《すえ》光《みつ》

頼朝に仕えた
名門一族八百年の軌跡

まつやま書房

まえがき〔源頼朝と毛呂季光〕

―頼朝と季光は血が繋がっていた―

毛呂季光は鎌倉幕府を開いた源頼朝の側近として活躍した武蔵国（埼玉県等）を代表する鎌倉武士である。ところが、同じ鎌倉武士でも江戸時代から人気があった畠山重忠や熊谷直実などに比して、今まであまり目立った存在ではなかった。これは一つに季光が、『平家物語』などにも登場することが無く、源平合戦などで戦場を駆け廻るといった働きも無かったことによるものであろう。また、重忠はじめ比企氏など多くの鎌倉武士が北条氏との政争に敗れ、悲劇的な最後を遂げていったようなことが季光には無かったこともその一因である。しかし、近年ようやく一般向けの鎌倉時代の研究書にも、季光の幕府内の重要性が認識され説かれ始まるようになってきている。

季光は、頼朝の御分国（知行国）の一つであった豊後国の国守に推挙され、源氏の門葉に准ずる待遇を受けていたことは『吾妻鏡』が記すところである。これは伊豆に配流中の頼朝を物心両面から支えた比企氏や他の功臣に較べていかにも殊遇である。武蔵武士としては、さしたる軍功もなく、それほど大きな勢力もなかったと考えられる毛呂季光がなぜ頼朝にかくまで厚遇を受けたのだろうか。『吾妻鏡』は、「毛呂太郎藤原季光国司の事」で、推挙の理由の第一に「これ大宰権帥季仲卿の孫なり」をあげている。たしかに、季光の小野宮家はその祖摂政関白大政大臣実頼は、別格としても代々二位、三位の位階を授けられた上級貴族であった。しかし、藤原氏を祖に持つ鎌倉武士は多く、それだけで頼朝が季光を准門葉としたとは考えられない。

頼朝の母が熱田大宮司藤原季範女であったことはよく知られているが、実は女系をたどると、頼朝と季光は血が繋がっていたのである。熱田大宮司家は藤原南家の一流、季光の小野宮家は藤原北家を代表する家柄である。鼻祖藤原鎌足まで逆上れば当然であるが、熱田大宮司家と小野宮家そのものが遠戚なのである。すなわち、季範の高祖父永頼と季仲の高祖母は兄妹（姉）で藤原南家七代尹文の子である（別紙系図）。頼朝が毛呂季光を源家一門に准じた理由は、このあたりにあったのであろう。

ところで、毛呂氏には毛呂郷来住を語る流離譚が伝えられている。中央貴族の藤原氏がなぜ東国へ流されて来たのか、この謎を解くことは難しいが、小野宮家をめぐる血縁の中に真実が隠されているような気がしてならない。

初めて毛呂郷にやってきた毛呂氏の先祖は季綱親王（越生龍恩寺の縁起等）、貴高親王（小浜市酒井家文庫）や紀公王（小田谷長栄寺文書）であるが、いずれも音がキコウであり季光のことと考えられる。そこで、小野宮家の一族をながめると、季仲の弟の孫女は、崇徳上皇の女房で重仁親王を生んでいる。このことが原因で季光も保元の乱に連座した可能性が考えられるのである。保元の乱は厳しい処分で有名であるが、季光は高階氏を介して後白河天皇の寵臣であった藤原通憲（信西）と近い縁戚であったから形だけの流罪ですんだものと考えられる。

また、今年は毛呂合戦が行われた大永四年（一五二四）から、ちょうど五〇〇年になる。毛呂合戦とは、北武蔵（今日の埼玉県域）で最初に後北条氏に与した毛呂太郎（顕繁）を、当然黙視できない旧主扇谷上杉朝興と山内上杉憲政の連合軍が毛呂城に押し寄せ攻撃を加えた戦いである。いわば北条対上杉の最初の境目の城となったのが毛呂城であった。

本書では、こうした戦国時代に活躍した国人領主毛呂顕繁をはじめ、毛呂季光の子孫達の八〇〇年にわたる軌跡についても取り上げることとした。江戸時代、徳川幕府の旗本となった毛呂氏の直系は幕末まで命脈をたもった。そして全国に散った多くの毛呂季光の末裔は、二十一世紀の今も様々な所で活躍されている。

毛呂氏の歴史は決して派手ではなかったが、長い時代厳しい難局をその都度乗り越え、決して滅ぶことのなかった特異な存在である。今日の時代を生きる我々にも毛呂氏の歴史は、重要な示唆を与えてくれるように思われる。

令和六年（二〇二四）十月　武州毛呂の山桜居にて　　著者志る寿

毛呂季光　頼朝に仕えた名門一族　八百年の軌跡

◎目　次

第三章　戦国時代の毛呂氏――115

第四章　江戸時代の毛呂氏――173

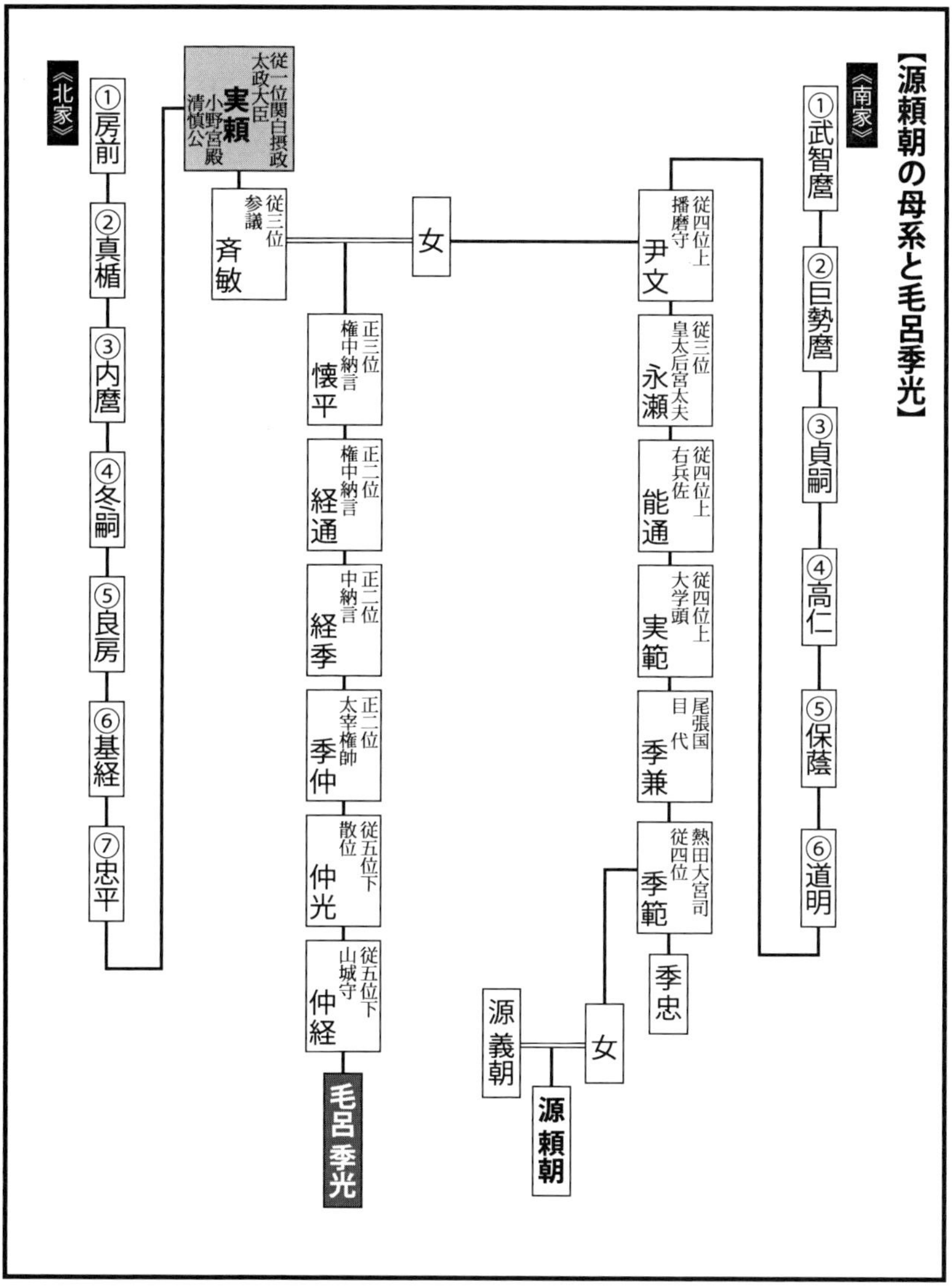

毛呂山町歴史民俗資料館第十八回特別展図録『鎌倉御家人毛呂季光の活躍と末裔たち』より転載

毛呂山町全体図

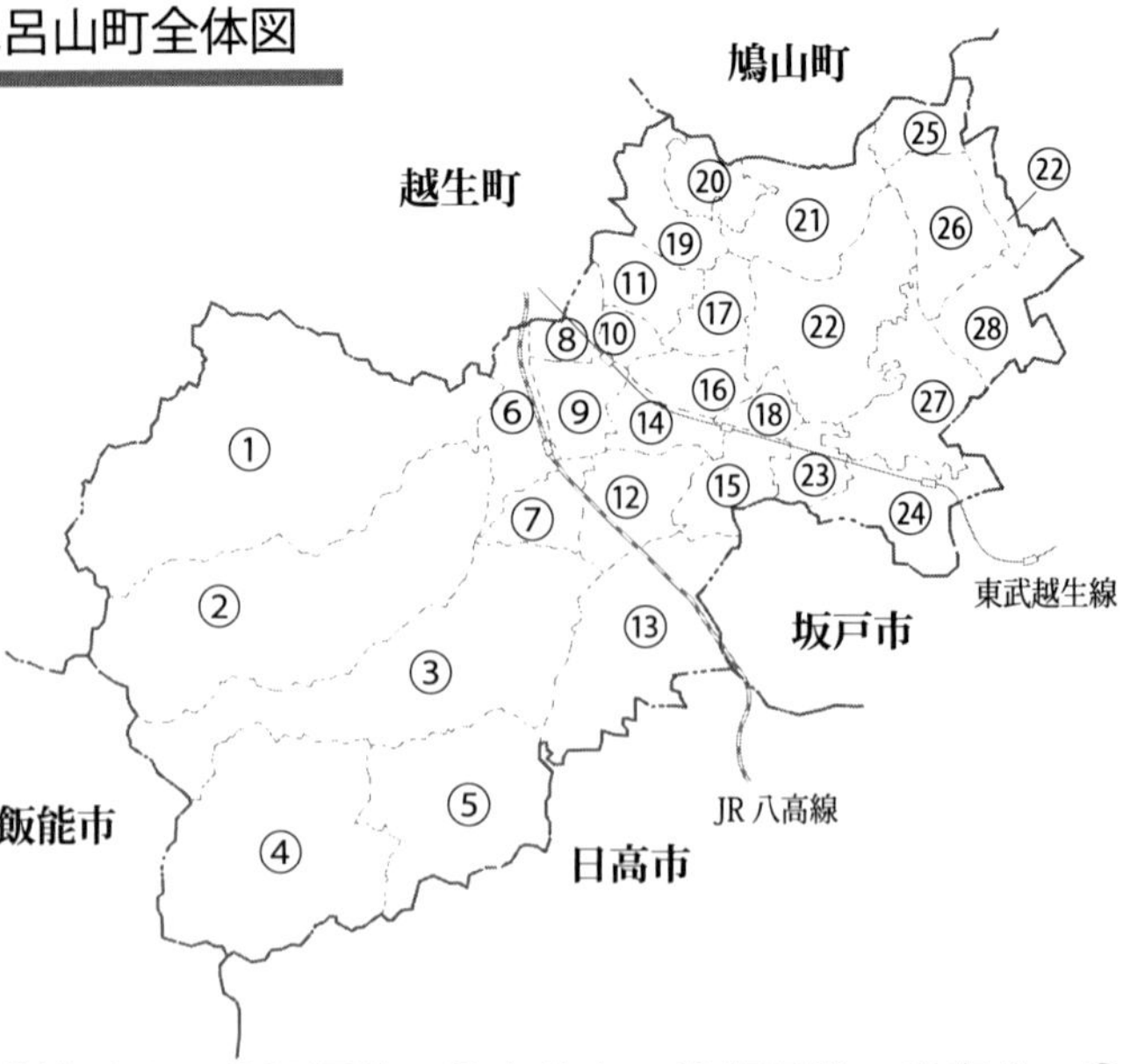

①滝ノ入　②阿諏訪　③大谷木　④権現堂　⑤宿谷　⑥毛呂本郷
⑦小田谷　⑧平山　⑨岩井西　⑩岩井東　⑪岩井　⑫長瀬　⑬葛貫
⑭中央　⑮南台　⑯前久保南　⑰前久保　⑱若山　⑲箕和田　⑳目白台
㉑西戸　㉒川角　㉓旭台　㉔下川原　㉕苦林　㉖大類　㉗市場　㉘西大久保

埼玉県全体と毛呂山町位置図

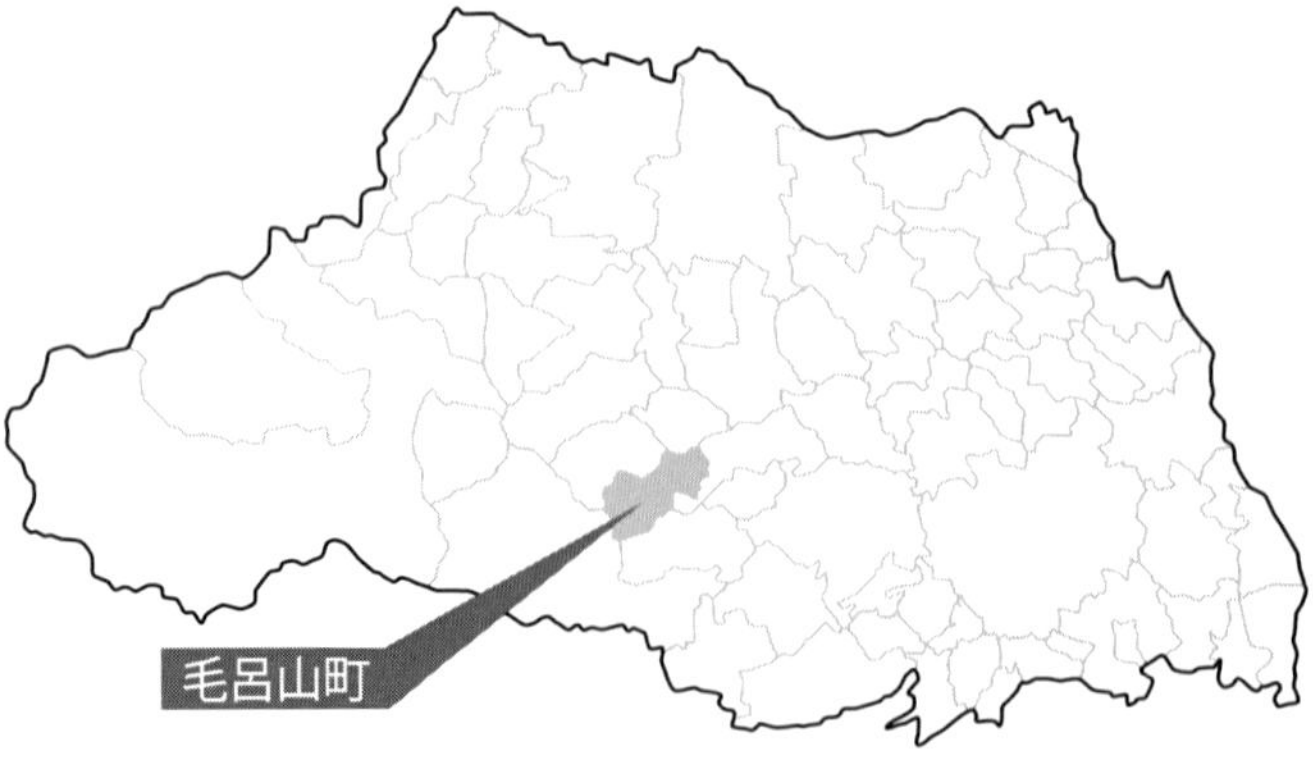

第一章　毛呂季光

（一）毛呂季光の毛呂郷来住

―毛呂季光没後八〇〇年によせて―

平成十八年（二〇〇六）は、源頼朝の重臣毛呂季光の没後八〇〇年にあたる。毛呂氏系図の一本『毛呂系図』栗原本（小浜市立図書館酒井家文庫蔵）等によると毛呂季光の死は、建永元年（一二〇六）八月十八日であったと言う。この没後八〇〇年という記念すべき区切りの年にあたり、改めて毛呂季光の活躍を偲び、また中央貴族の出身である毛呂藤原氏が何故我が毛呂郷に土着することになったのか、この大きな謎の解明に挑戦してみたいと思う。

まず『吾妻鏡』等によって毛呂季光の活躍を年表にして確認してみたい。●は季光の有力な事績。

元永二年（一一一九）六月朔日、前太宰権帥藤原季仲常陸に没する。七十四歳（『中右記』・『尊卑分脈』は六十二歳とする）。

保延三年（一一三七）仮に、毛呂季光の没年齢を七十歳とすると、季光の生年は、この頃となる。

久安三年（一一四七）源頼朝生まれる。
保元元年（一一五六）七月、保元の乱起こる。
平治元年（一一五九）十二月、平治の乱起こる。
永暦元年（一一六〇）三月、源頼朝、伊豆国に配流される。
仁安二年（一一六七）二月、平清盛、従一位太政大臣に昇進する。
▼太宰権師藤原季仲（母丹三冠者時房女）の子藤原季清、毛呂冠者を称し、祖父丹治家の所領毛呂・平山・小台・舞窪・北浅和五郷二百余町譲られ地頭職に補される（「大谷木家系図」）。
治承四年（一一八〇）庚子
八月、源頼朝が伊豆で挙兵する。
▼十月毛呂季光、頼朝の隅田川の陣に当国兵士畠山重忠と招かれ、同じく参向する。武蔵国毛呂・平山・舞窪・北浅和・薗部・鎌方・窪田等八箇所を賜り、毛呂に居す（「大谷木家系図」）。
●十二月十二日、頼朝、相模大倉郷の新第に移る（いわゆる「移徙《わたまし》の儀」）。毛呂冠者季光頼朝の御駕の右に供奉する（『吾妻鏡』）。☆頼朝三十四歳
寿永四年（一一八五）乙巳
三月二十四日、平家、壇の浦に滅ぶ。
文治二年（一一八六）丙午

●二月二日、頼朝、毛呂太郎藤原季光を豊後国司に推挙する（『吾妻鏡』）。
●六月一日、豊後守季光、鎌倉に出府し、頼朝に盃酒を献ずる（『吾妻鏡』）。
文治四年（一一八八）戊申
●三月十五日、頼朝、鶴岡八幡宮の大法会（大般若経供養）に臨む。豊後守（毛呂季光）等これに随う（『吾妻鏡』）。十二月、豊後国は平頼宗の知行国となる（『定長卿記』）。
文治五年（一一八九）己酉
●六月九日、頼朝、鶴岡八幡宮に塔供養を行う。豊後守季光・比企能員等、随兵を勤む（『吾妻鏡』）。
六月二十九日、頼朝、慈光寺に愛染王像を納め、本尊となし奥州征伐の祈祷を行わせる。
●七月十九日、頼朝、奥州征伐に出発する。源範頼・豊後守季光等これに随陣する（『吾妻鏡』）。
八月十三日、頼朝、多賀国府に到着する。
九月、頼朝、泰衡の首級を挙げる。
十月二十二日、頼朝、奥州平定成就のため、慈光寺に供米及び長絹を送る。
十月二十四日、頼朝、鎌倉に帰着する。
建久元年（一一九〇）庚戌
●九月二十九日、豊後守・泉八郎等、頼朝上洛の随兵記に殿の字を加えられる（『吾妻鏡』）。

●十一月七日、頼朝、入洛する。畠山重忠を先陣に泉八郎・豊後守等ほとんどの武蔵武士がこれに随う（『吾妻鏡』）。

建久二年（一一九一）辛亥

三月四日、鎌倉大火。幕府及び比企能員・同朝宗等の第宅焼亡する。

●三月五日、鎌倉大火の報に、武蔵の毛呂豊後守、最前に馳せ参じる（『吾妻鏡』）。

九月二十八日、高山より飛神が飛来し、毛呂氏は飛来大明神として祀るという（「毛呂記録」）。

建久三年（一一九二）壬子

七月十二日、頼朝、征夷大将軍に任ぜらる。

毛呂郷臥龍山に飛来大明神を祀るという。（「臥龍山宮伝記」）（「臥龍山明神宮者昔日源頼朝御建立」寛永十年棟札）

●十一月二十五日、頼朝、永福寺の落慶供養に臨む。豊後守季光等これに参列する（『吾妻鏡』）。

建久四年（一一九三）癸丑

◎二月十日、頼朝、毛呂太郎季綱に武蔵泉・勝田の地を与えて旧功を賞する（『吾妻鏡』）。

☆頼朝四十七歳

●五月二十九日、豊後前司（季光）、頼朝の曽我五郎尋問に陪席する（『吾妻鏡』）。

建久五年（一一九四）甲寅

頼朝の石清水八幡宮をたたえる歌
いはし《（石清）》水たの《（頼）》みをかくるひと《（人）》は
みなひさ《（久）》しく世にもすむとこそきけ《（聞）》

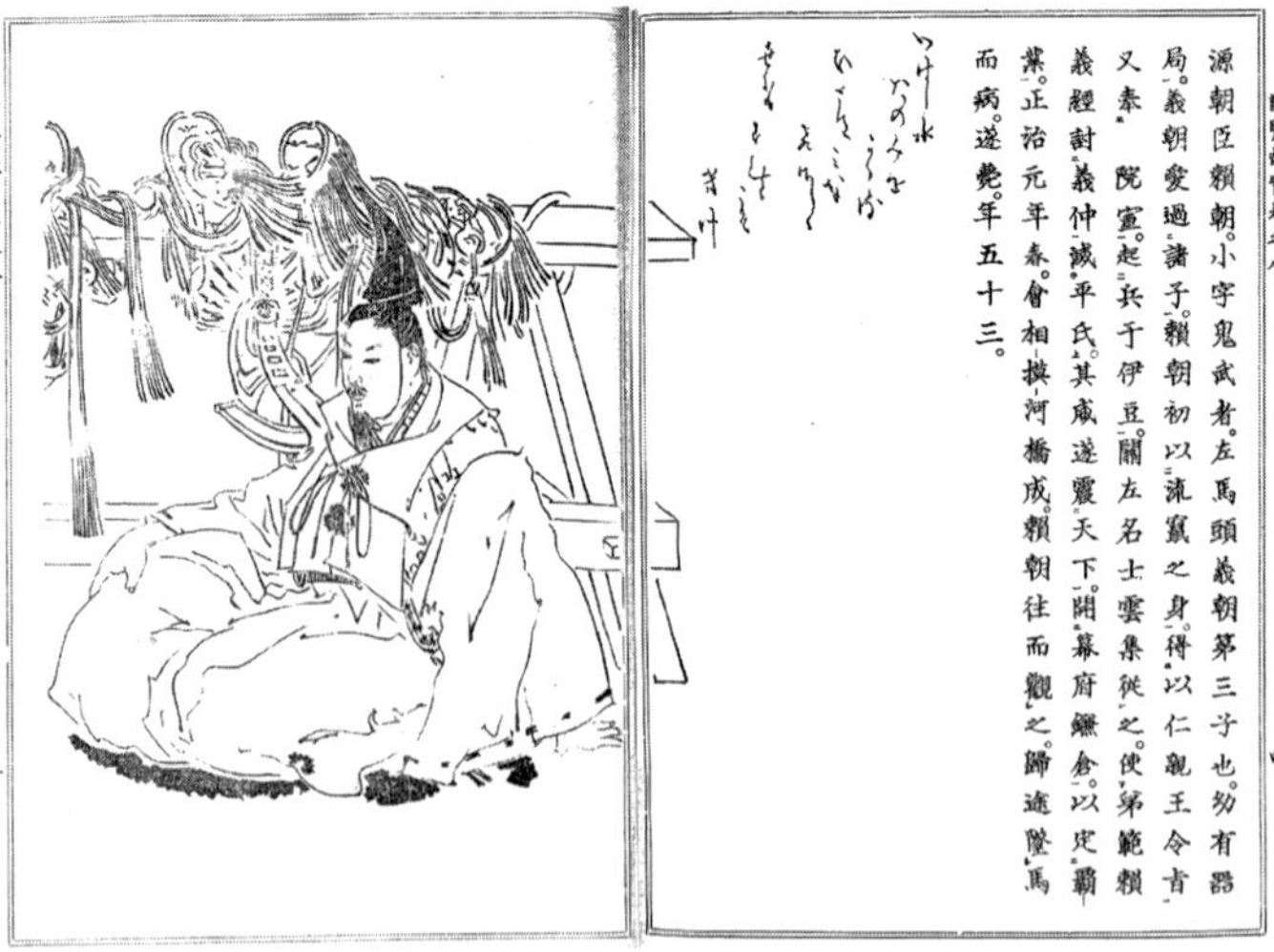
前賢故實巻之八
源朝臣頼朝。小字鬼武者。左馬頭義朝第三子也。幼有器局。義朝愛過諸子。頼朝初以流竄之身。得以仁親王令旨又奉　院宣。起兵于伊豆。關左名士雲集從之。使弟範頼義經討義仲。滅平氏。其威遂震天下。開幕府鎌倉。以定覇業。正治元年春。會相摸河橋成。頼朝往而觀之。歸途墜馬而病。遂薨。年五十三。
四
前賢故實巻之八
五

源頼朝像（『前賢故実』菊池容斎画より）郁文舎　明治36年7月13日発行

●十一月十三日、足利義兼、一切経及び両界曼荼羅供養を鶴岡八幡宮に修する。慈光寺の僧等これに列す。毛呂季光、布施取を務める（杉浦文書）。

●十二月二日、幕府、祈願寺社の奉行人を定め、畠山重忠等を永福寺の奉行、豊後守季光を同寺薬師堂の奉行となす（『吾妻鏡』）。

●十二月二十六日、頼朝、永福寺内新造薬師堂の供養に臨む。豊後守季光等これに随う（『吾妻鏡』）。

建久六年（一一九五）乙卯

●正月八日、豊後守季光、中条家長、相争い合戦に及ばんとする。幕府、和田義盛をしてこれを和解せしむ（『吾妻鏡』）。

二月十四日、頼朝、東大寺の供養に臨まんがため鎌倉を発す。畠山重忠等武蔵の諸士これに随う。

●三月九日、頼朝、岩清水八幡宮に参詣する。豊後守季光・畠山重忠等これに供奉する（『吾妻鏡』）。
●三月十日、頼朝、岩清水より南都に向かう。豊後前司・毛呂太郎（季綱）等これに随う（『吾妻鏡』）。
●三月十二日、頼朝、東大寺の供養に臨む。豊後守季光・比企能員・畠山重忠等参堂する（『吾妻鏡』）。
●四月十五日、頼朝、石清水八幡宮に参詣する。豊後守季光・比企能員等先駆けする（『吾妻鏡』）。
●五月二十日、頼朝、四天王寺に参詣する。豊後守季光等これに随う（『吾妻鏡』）。
●八月十五日、頼朝、鶴岡八幡宮放生会に臨む。豊後守季光等これに随う（『吾妻鏡』）。
●十月七日、頼朝、鶴岡八幡宮臨時祭に臨む。豊後守季光等これに随う（『吾妻鏡』）。

正治元年（一一九九）己未

一月十三日頼朝、没する。五十三歳。

◎十月二十八日、畠山・比企・諸（毛呂）二郎季綱等其衆六十六人、鶴岡八幡宮に集まり、梶原景時弾劾の連署状に加判する（『吾妻鏡』）。

正治二年（一二〇〇）庚申

◎二月二十六日、源頼家、鶴岡八幡宮に参詣する。泉次郎季綱（毛呂次郎季綱か）等これに供奉する（『吾妻鏡』）。

枯死前の榎堂の大榎（毛呂山本郷）

現在の榎堂と大榎（毛呂山本郷）

毛呂季光の屋敷跡とも廟（墓）跡とも伝えられる。『武蔵国郡村誌』には、「陵墓、毛呂季光の墳、村の中央に大榎あり、相伝う毛呂豊後守季光の墳墓なりと、後尊崇して天王という」とある。（※写真左は写真集「越生・毛呂山」より転載）

建仁三年（一二〇三）癸亥
九月二日、北条時政、比企能員を名越第に誘い殺害する。
建永元年（一二〇六）丙寅
▼八月十八日、毛呂豊後守季光、この日に没すると伝えられる。（毛呂系図栗原本等）☆仮に頼朝と同年生まれとすると、享年六〇歳。子の季綱が頼朝から恩賞を受けているのを考えると、もう少し高齢であったか。

このように見てくると、数多の武蔵武士のなかで、毛呂季光が頼朝から受けた厚遇は、一段と際立っていると言えよう。季光は平家追討に軍功を立てたわけでもなく、武蔵国の中に大勢力を築いていたわけでもない。それなのに比企氏や安達氏でもなれなかった国司に任ぜられたのはなぜなのであろう。

答えは『吾妻鏡』が「これ太宰権師季仲卿の孫なり」

と明快に言い切っているのがその全てであろう。毛呂季光がかくも頼朝に信頼され、豊後国司にまで推挙された最大の理由は、正二位太宰権帥藤原季仲卿の子孫という貴種であったからに外ならない。頼朝の母も藤原南家の血を引く熱田大宮司藤原季範の女であったが、摂政関白小野宮実頼の子孫季仲の高貴さには遠く及ばないのである。季光が「由緒ありて門葉准ぜ」られ（『吾妻鏡』建久六年・正月八日の条）たのは、こうした事情による。

それでは、頼朝がその血筋で一目置いた季光の曾祖父（『尊卑分脈』による・『吾妻鏡』の「季仲卿の孫」は子孫の意に解釈して差し支えない）太宰権帥季仲卿とは、いかなる人物であったのだろうか。季仲は我々がよく知っている古典文学『平家物語』にも登場してくる。「殿上の闇討」の一説を引いてみよう。「中比太宰権師季仲卿といふ人ありけり。あまりに色の黒かりければ、みる人黒師とぞ申しける。其人いまだ蔵人頭なりし時、五節に舞はれければ、それも拍子をかへて『あな黒々、黒き頭かな、いかなる人のうるしぬりけむ』とぞはやされける。」（注、中比〈中頃・なかごろ〉ーそう遠くない昔）

どうもあまり良い話ではないが、季仲が蔵人頭に補任されたのは寛治元年（一〇八七）十二月のことである。旧暦十一月中の辰の日宮中では豊明節会が行われる。新嘗の翌日、天皇が豊楽殿で群臣に宴を賜る儀式である。この時行われる舞が「五節の舞」である。舞人は公卿の子女から選ばれたから、この『平家物語』のエピソードは、一種の座興であったのであろう。なんとなく和やかな雰囲気さえ感じる。むしろ季仲が堀川天皇を取り巻く側近の一人であったことの証明とみてよいだろう。
その後の華々しい出世は『中右記』が語る通りである。一応季仲生誕からその死までを略年譜にしてみる。

《太宰権帥藤原季仲略年譜》

永承元年（一〇四六）藤原季仲、権中納言藤原経季の次男として生まれる。
母は備後守正四位下藤原邦恒の女。

康平元年（一〇五八）季仲、従五位下に叙される。
源義家、大己貴神の相殿に八幡宮を祀るという
（「臥龍山宮伝記」「臥龍山奉加帳」他・実は六年か）。

六年（一〇六三）源義家、出雲伊波比神社（毛呂八幡宮）に流鏑馬を奉納すると伝える。

延久元年（一〇六九）季仲、刑部少輔に任ぜらる。

応徳三年（一〇八六）十一月、白河上皇、院政を始める。
季仲の父経季（従五位下・山城守）没する。七十七歳（尊卑分脈）。季仲、
白河院庁の別当となる（公卿補任）。

寛治元年（一〇八七）十二月、季仲、蔵人頭に補任される。この頃（季仲四十二歳）の話として、

『平家物語』（殿上闇打）に季仲のエピソードを載せる。

嘉保元年（一〇九四）季仲、参議に昇り、左大弁を兼ねる。

永長元年（一〇九六）季仲、従三位に叙され、造興福寺長官となる。

承徳二年（一〇九八）季仲、権中納言になる。

康和四年（一一〇二）季仲、正二位に叙される。

五年（一一〇三）季仲、太宰権帥となり、任地に赴く。

長治二年（一一〇五）筑前竈門宮の神輿事件起こり延暦寺の衆徒季仲等の処罰を求めて強訴する。

嘉承元年（一一〇六）二月十七日、季仲常陸に配流される。二人の子、刑部少輔懐季、少納言実明も解任される。

しかし、同じ季仲の子ながら季光の祖父である従五位下散位（位階はあるが官職が無い者）仲光は処分は無かったらしい。

天永三年（一一一二）一月二十七日、高階経敏、武蔵守に任じられる（国司表）。季仲の妻は、伊予守高階泰仲の女であった（尊卑分脈）。ちなみに、経敏の父経成と泰仲は従兄弟。平治の乱の中心人物藤原通憲（信西）は、経敏の養子となり、高階重仲の女を娶った。

元永二年（一一一九）六月朔日、季仲常陸に没する。七十四歳（尊卑分脈、六十二）。

このように見てくると、藤原季仲の生涯は、康和五年を頂点として晩年は極めて不運なものであったことがわかる。訃報に接した『中右記』の作者中御門右大臣藤原宗忠は次ぎのような感想を述べている。

下人語、去朔日在常陸国流人季仲入道薨、年七十四、季仲卿故経季中納言二男、母邦恒女也、院御時経小納言任右少辨、次第昇進轉左仲辨、堀川院御時補蔵人頭、任参議左大辨、遂任権中納言昇正二位、康和五年兼太宰権帥、長治二年在太宰府間、依日吉神訴配流常陸国之後出家、今年卒去也、有才智有文章、可惜可哀、但心性不直、遂逢其殃歟、於邊土失其命、是前世之宿報也、又何為哉、在配所一五年

（『中右記』元永二年（一一一九）六月二十四日条）

そして季仲の死から六十一年後、季仲の曾孫毛呂冠者季光は、同じ東国ながら武蔵国毛呂郷を拠点とする鎌倉武士として頼朝のお側に突然登場することになるのである。もっとも突然と言ったがそれは史書の上でのことで、毛呂季光が毛呂郷に土着し毛呂郷を中心に一定の勢力を

《高階氏と藤原氏の関係系図》

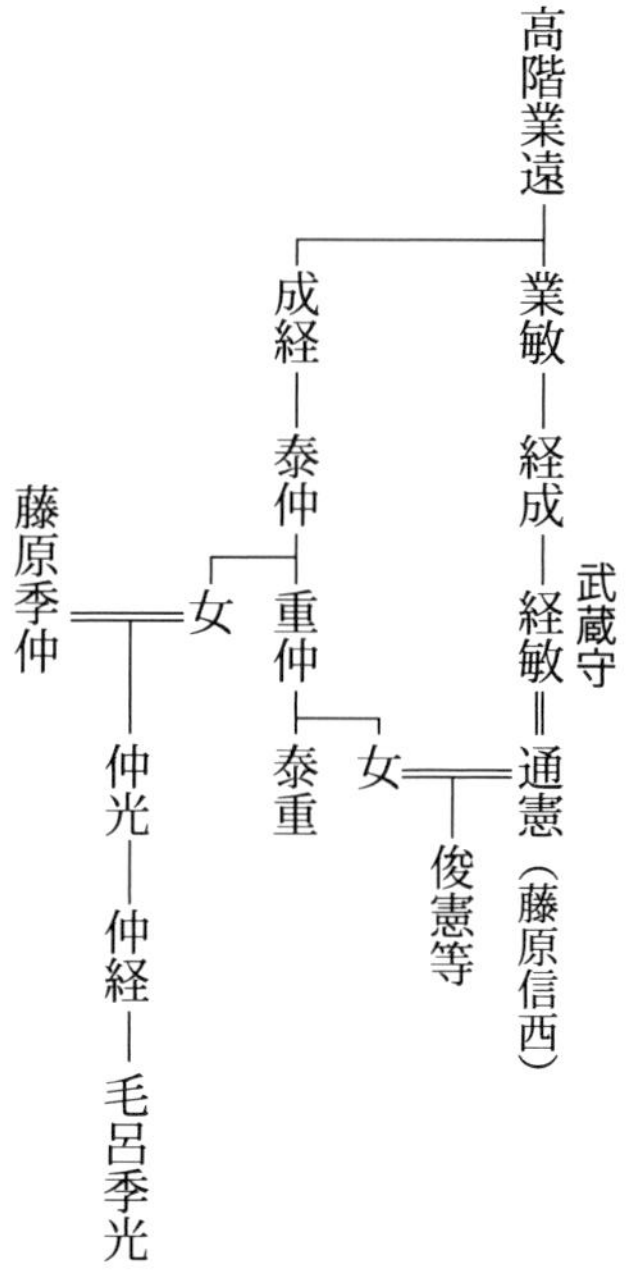

築く何らかの必然があったはずである。

季光の父仲経は祖父仲光と同じ従五位下ながら山城守となっている。しかし、武蔵国ましてや毛呂郷との関係は全くつかめない。季光年表の冒頭近くに記した、地元の大谷木家系図の季光の父とされる毛呂冠者季清は、史書に全く登場しないのである。さらにこの系図の欠点は、冬嗣の子長良・遠経系であって、季仲を太宰権帥（従五位としているのは不自然）としながらも、摂政関白小野宮実頼のような高貴な先祖を持たないことである。季光が頼朝から厚遇を得た蓋然性が低いと言わざるをえない。やはり、毛呂氏の出自は『尊卑分脈』に求めたほうが自然であろう。現に『毛呂山町史』に掲載されている群馬県新田郡中江田の毛呂氏系図等『尊卑分脈』と同じ毛呂系図が幾つかあるのもその証左となろう。

それでは、毛呂郷に来住した最初の藤原氏は誰であったのだろうか。それはやはり季光以外に然るべき人物は見当たらないということである。確実な史料といえるほどのものはないが、伝説の類ならないことはない。所謂ある種の貴種流離譚と言ってもよいものである。『長昌山龍穏寺境地因縁記』がそれである。

◎『長昌山龍穏寺境地因縁記』

毛呂越生の守護、小野宮藤原季綱親王、此の地に居住す。其の因縁は、藤原親王、内裏庭前の鞠の会に行幸あり。遊履四本踏遊す。時に履脱げて藤の枝に掛かり、此の時大地を踏む。其の罪に依って遥か東に流される。時に紫藤・実藤の両臣も下りて相伴い奉り、此の所、毛呂越生の郷に落ち着けり。今、毛呂郷の紫藤の先祖是れなり。此の時、内裏の氏神、季綱王の跡を慕い、飛び来りて、高山不動の大堂に光を放つ。此の時季綱王、阿諏訪山に鹿狩りに出つ。俄かに震動し、雷電して雨暗くして頻りに降り、東西更に分たず。時に実藤、弓に矢を架して、虚空に向ってこれを射落とさんと欲す。紫藤、押さえて射させず。其の間に天気漸く晴れ、雲中より光を放ちて明神の形を現し、季綱王と対面す。王謹んで拝せられる。則ち毛呂明神是れなり。其の時より、越生内裏の明神と、毛呂白胎の明神と、一体両所に祝い奉る。これに依って今に到る迄、二所の祭、九月廿九日、同日なり（現漢文・前後を省略する、『越生の歴史』より）。

この縁起が教えてくれる重要なポイントを列挙してみよう。伝説とは言え、極めて示唆の多い資料である。

◇冒頭に「毛呂越生守護小野宮藤原季綱親王」とあるところから毛呂氏が越生方面に大きく勢力を伸ばした時期に書かれたものと言えよう。奥書によれば、龍穏寺の七世の節庵良筠が天文十二年（一五四三）に記したものが最初であるという。八年前の天文四年（一五三五）に毛呂土佐守顕季は越生郷岩峯山安楽寺（現越生小杉天神社）を修理している。

◇「藤原季綱親王」とあるが、藤原氏は皇族ではないので誤りであるが、貴種性を強調せんがための伝説らしい表現である。また、他の文献には「貴高王」「紀公王」とあって、どうやら季綱の父季光も同音の「キコウ」であるところから混乱が生じたらしい。子の季綱が先に毛呂郷に来住していたと考えられないこともないが、父の季光が最初の毛呂居住者とみる方がやはり自然であろう。臥龍山境内社「季光社」（明治二十九年絵図他）は、元禄十五年（一七〇二）の神社人別明細書上（出雲伊波比神社蔵）では、「亀皇ノ宮」としている。毛呂氏系図には、季光の所に「天王ト崇」と記したものが幾つかある。

◇ところで、この縁起が極めて重要なのは、毛呂藤原氏が「小野宮」系であったことである。『尊卑分脈』の言葉を借りれば「実頼公孫」なのである。前述したように、やはりこの文書からも、毛呂藤原氏の出自は、地元に残る系図より『尊卑分脈』に求めるのが自然であろう。

◇毛呂藤原氏の祖「キコウ王」は内裏庭前の蹴鞠の会で履が脱げて藤の枝に掛かり、大地を踏んでしまった。其の罪によって遥東に流され、毛呂越生郷に落着したという。何とも軽微な罪で遠流となったものであるが、何らかの歴史的事実を反映してはいまいか。『吾妻鏡』によれば、季光の子と考えられる毛呂季綱は建久四年（一一九三）頼朝から武蔵国泉・勝田の地を賜っている。頼朝が伊豆の流人時代に受けた恩に報いたものだという。これらのことを満たす条件を考えると、毛呂氏は頼朝より若干早く関東（武蔵毛呂）に下向し、ある程度の経済的・精神的余裕を得ていたことが必要である。毛呂藤原氏の毛呂郷来住は保元の乱直後のことだったのではあるまいか。

毛呂季光の毛呂郷来住の直接の動機を考えてみよう。季光を取り巻く実頼系藤原氏は、季仲の常陸配流で大きな打撃を受けた。これに追い打ちをかける大事件が起きた。保元の乱（一一五六）である。季仲の弟季実は、母も姉妹（藤原邦恒女）という間柄であった。この季実の孫娘兵衛佐は、崇徳院の女房となり第一皇子重仁親王を生んでいるのである（次頁・系図参照）。重仁親王は一時は皇位継承第一位と目された時もあったが、父崇徳上皇の讃岐配流によって自身も悲劇的最後をとげることになる。季光とこの重仁親王は系図のように三従兄弟の関係であった。現在の民法では親族にもならないが、平安末期のこの時代季光にとって保元の乱は、貴族社会で生き残ることを不可能にする出来事であった。季光は、都を捨て親族の所有地毛呂郷への来住を決意、全く別の生き方に将来を託したのであろう。武蔵武士毛呂冠者季光の誕生である。

《保元の乱と毛呂季光（『尊卑分脈』より作成）》

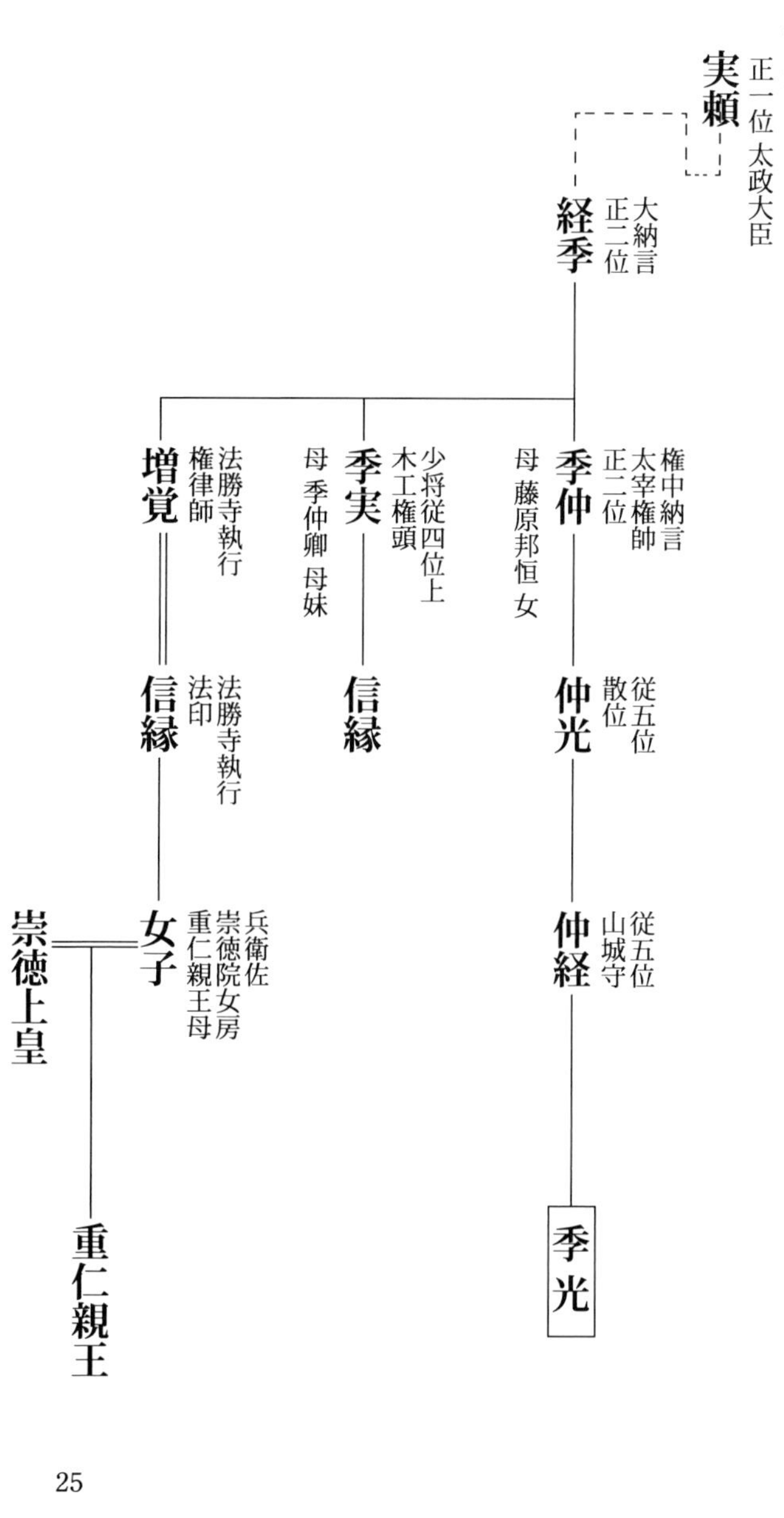

現在の崇徳寺跡地（川角）

毛呂郷から少し離れるが、現在同じ毛呂山町内となる川角地区に崇徳寺跡（毛呂山町指定文化財・現国指定史跡）の伝承地が残る。この崇徳寺跡について詳しく述べたものに『埼玉叢書』（第六）所収、寛政七年（一七九五）七月十日、坂戸の文人有桐舎里鶏（井上常太郎元春）補記とする「善能寺略縁起」等がある。これらによれば崇徳寺は、保元の乱で崇徳上皇に従った武士たちが乱後川角地区に身を隠し、上皇亡き後上皇を慕い一寺（崇徳寺）を建立、その菩提を弔ったというものである。彼等は源家の世となることを願い、それが現実となると源頼朝は、崇徳寺に田三百町を寄進したという。

この伝承は毛呂季光の毛呂郷来住とどこかで繋がっているような気がするのである。

毛呂藤原氏は季光の曾祖父季仲以来、院の側近くに仕えた貴族であったようである。保元の乱による京都政界の混乱にみきりをつけた藤原季光が新たな出発の地として選んだのが武蔵国毛呂郷であったと筆者は考えるのである。

◇「キコウ王」を慕って内裏から飛来した毛呂明神は、『臥龍山宮伝記』では、我が子応神天皇（八幡宮）を慕って飛来した大明神（神功皇后）となっている。

以下、関係の資料を挙げてみる。

◎「毛呂記録」（出雲伊波比神社蔵・延宝元年（一六七三）三月写）
大明神者毛呂土佐殿御知行所之節建久二年（一一九一）九月廿八日ニ高山より御飛神飛来り大明神ニ毛呂殿奉祝置候然ル間祭礼之節高山より寺社参り七五三《しめ》おろし相勤申候萩的人者七分ニテ年々勤来り申候（前後略）

毛呂氏の氏神、毛呂明神が飛来したという高山方面を
毛呂山町役場庁舎より望む。手前の森が臥龍山。

◇飛来大明神は毛呂氏が建立したもので、建久二年九月廿八日、高山より飛来した飛神を祀ったものである（『臥龍山宮伝記』建久三年、「息長足姫命」祀るという）。
◇前資料と同様、高山と毛呂氏・飛来大明神の関係の深さを物語る資料である（萩的人とは現在の秋の流鏑馬、七分とは毛呂七ヶ村のこと）。祭礼には、高山不動の社僧が標縄《しめなわ》を張る役を務めたという。

◎『新編武蔵風土記稿』入間郡前久保村「飛来明神社」の項
八幡宮と並たてり、或は毛呂明神とも唱へり、（中略）
この飛来と号することは、社伝に、古季綱親王当国下向の時、氏の神其迹を慕ひて飛来りしにより飛来と号すと、（中略）天正年中小田原北條氏より寄附の證文、今社人のもとに傳ふ、其文に茂呂大明神とのす、これによればそのかみ、毛呂氏代々の氏神なることは論なし（後略）

◇前記の長昌山龍穏寺境地因縁記を基にした記述と考えられるが、飛来明神が毛呂氏の氏神であることをより強調している。

◇なお、八幡宮は江戸初期の段階でも極めて有名で、例えば貞享四年（一六八七）刊の地誌『江戸鹿子』の「武蔵国神社」の「八幡宮」として「同（八幡宮）同（武州）毛呂村社領十一石」とある。

◇余談ながら、八幡太郎義家が奉納した流鏑馬は、旧暦八月十五日の八幡宮の流鏑馬である。旧暦九月二十九日の飛来大明神の流鏑馬は毛呂季光が奉納したものと考えてよいだろう。すなわち、一の馬（白・源氏・頼朝）に二の馬（紫・藤原氏・季光）が従い、三の馬（赤・坂東八平氏）を従えていると見ることができるのである。

◎「太田道灌状」の毛呂三河守の注（『埼玉叢書』第四・『毛呂山町史』所収）

武州住人、小野宮実頼公末葉季仲孫季光初テ号毛呂、代々武州ニ住ス、毛呂ニ両派アリ

◇毛呂藤原氏は、やはり小野宮実頼の子孫であること。

◇初めて毛呂を氏とした人物は季光であること。

◎『新編武蔵風土記稿』入間郡阿諏訪村の条
　村名のことは毛呂明神秩父郡高山の峯より、あすは毛呂郷へ飛去んとの神託によれると云
　（前後を略す）
◇新記の編者も「俗説あれども取にたらず」と述べているが、やはり毛呂氏が西方より来住したことを暗示している。
◇近年（一九八二年）の刊行物であるが、神山弘著『ものがたり奥武蔵』の一説を補足しておく。
「むかしあるとき、鷺に姿を変えた明神様がやってきて、はじめ東吾野の長沢にある借宿明神に休み、それから高山の峰を越えて、阿諏訪の一番奥にある行福寺の岩の上にとまった。

行福寺の大岩（阿諏訪）

そこで坊さんが明神様どこへ行くのかと訊いたら、あすは毛呂へ行くと言ったので、それから阿諏訪の地名が生まれたという。その後、神は毛呂の臥龍山にとどまったので、そこに神社を建てて飛来大明神としたという。」ものである。

それでは、最大の関心事、有力中央貴族藤原氏出身の

季光がなぜ毛呂に住み着くことになったのか。このことについて考えてみよう。資料はほとんど無いが、わずかに『入間・比企の中世武士たち』（岩城邦男著・『坂戸市史』通史編第二編中世の抜粋）がある。すこし、長いが引用してみよう。

まず第一に考えられるのは毛呂山町周辺が早くから藤原季仲系の所領であったのではないかということである。毛呂山町には延喜式神名帳に入間郡五座のうち筆頭に記された出雲伊波比神社があり、また康平六年（一〇六三）に創建されたという八幡社が、その伊波比神社とならんで鎮座している。現在では出雲伊波比神社が著名で八幡社のことは忘れさられたような存在になっているが、江戸時代の初めまでは八幡社のほうが優勢で、慶安元年（一六四八）の朱印状も「毛呂郷八幡社」宛に出されており、有名な流鏑馬の行事も八幡社が八月一五日、飛来明神社と呼ばれた出雲伊波比神社が九月二九日と別々に奉納されていたといわれる。

その毛呂八幡社が創建されたという康平六年は鎌倉の鶴岡八幡宮が創建された年でもあった。この年、奥州征伐から凱旋した源頼義・義家親子は、源氏の氏神岩清水八幡宮

出雲伊波比神社本殿（岩井西）

の神霊を相模国由井郷に勧請したが、毛呂八幡社も源氏の両将がここを通過した際に同じ岩清水八幡宮の神霊を遷したとされている。各地の八幡社創設の一典型というべき話ではあるが、毛呂八幡社についてはそこにすでに奈良時代に創建された伊波比神があり、環境的にはこの時代に八幡社が祭られても不自然さはない。

ここで思い起こされるのが、藤原季仲失脚の原因である。季仲失脚の発端は岩清水八幡宮の別当光清と結託して、筑前大山寺別当職を光清のものにしょうとしたことであった。光清の補任要請にたいし太宰府長官として季仲が見返りを要求したことが考えられないか。『中右記』に「心性不直」と書かれた季仲である。毛呂郷が源家の私領でそこに頼義が八幡宮を勧請するにあたり、岩清水八幡宮に寄進し、それが季仲に譲られたという図式が成り立つことも考えられる。京都の貴族の中でも季仲の家柄は上位である。所有する荘園も多かったであろうが、失脚の際にほとんどの荘園を没収されたことと思われる。

そのなかで季仲の子孫が毛呂郷に伝わったのは、朋友岩清水八幡宮別当の支援があったからではなかろうか。またそうするだけの恩義が岩清水別当にはあったはずである。常陸に配流中の一五年間、季仲を支えたのはわずかに残された毛呂郷からの仕送りであったのであろう。いずれにしろ毛呂郷は一二世紀のごく早い時期に藤原季仲の所領になり、官位を剥奪された懐季・実明にかわって家を継いだ仲光の家系に相伝されたものと考えられないだろうか。

その藤原氏の一族が毛呂郷へ来て、毛呂を名字にするようになったのはいつごろの事であろうか。季光の父仲経が『尊卑分脈』に山城守とあることは前記したが、他の資料には現れない。しかし久安四年（一一四八）から仁平二年（一一五二）にかけて藤原季経なる人物が山城守になっており、あるいはこれが仲経と同一人物ではないかといわれている（湯山学「勝沼衆毛呂氏等の考察」）。年代的に見ておそらく当を得ていよう。その仲経《（季）》の子孫が毛呂郷に来住することになったのは保元・平治の乱が契機であったと思われる。この両乱によって京都における政治的権力は平氏一門に移り、藤原氏の勢力は見るかげもなくなった。そうした情勢のなかで季仲までの公卿の家柄からたんなる貴族にまでおちていた仲経にとって、京都に固執することもできなかったであろう。家系を伝えるために、おそらくそれまで管理を人に任せていたであろう毛呂郷に、直接自身が赴くか、もしくは子の誰かを送るかいずれかを選ばざるをえなかったことは想像に難くない。こうしたことから、おそらく一一五〇年代に季光が毛呂郷に移り住み、藤原姓毛呂氏の祖となったのであろう。

なかなか魅力的な説である。この岩城氏論文の仮説を土台にして、藤原季光が毛呂郷に来住した必然性を考えてみたい。

毛呂八幡宮（出雲伊波比神社）を中心とした毛呂郷が小野宮系藤原氏の所領であった証拠

は、今となっては全く見当たらないが、考えて見れば、既に武蔵七党を中心に多くの氏族が隈無く蟠踞していた武蔵国に、そう容易く中央貴族が土着することは、考えられない。突然毛呂郷に割り込めるものではないのである。岩城氏の言うように、毛呂郷が季光の来住以前から小野宮系藤原氏の所領であったと考えるのが自然である。検討してみたい資料が一点ある。出雲伊波比神社蔵の寛永十年（一六三三）の棟札である。

南閻浮提大日本國関東道武蔵國入間郡毛呂郷宮野村臥龍山明神宮者昔日源頼朝御建立之由伝候意趣者為
天下太平武運長久子孫繁昌御祈祷之集六院供僧朔幣并奉転読大般若従先年于今不怠以無謂従
源家康将軍三代目政（征）夷大将軍家光公御代仁為御建立之御用木九本被当行者也以此材木如此奉造立者也
于時　寛永十年　　　　神主　紫藤蔵人末久
　　　癸酉南呂吉日　　大工　小室七左衛門

南閻浮提は、人間の住む世界、南呂は旧暦八月のことである。注目すべきは、臥龍山明神宮は、

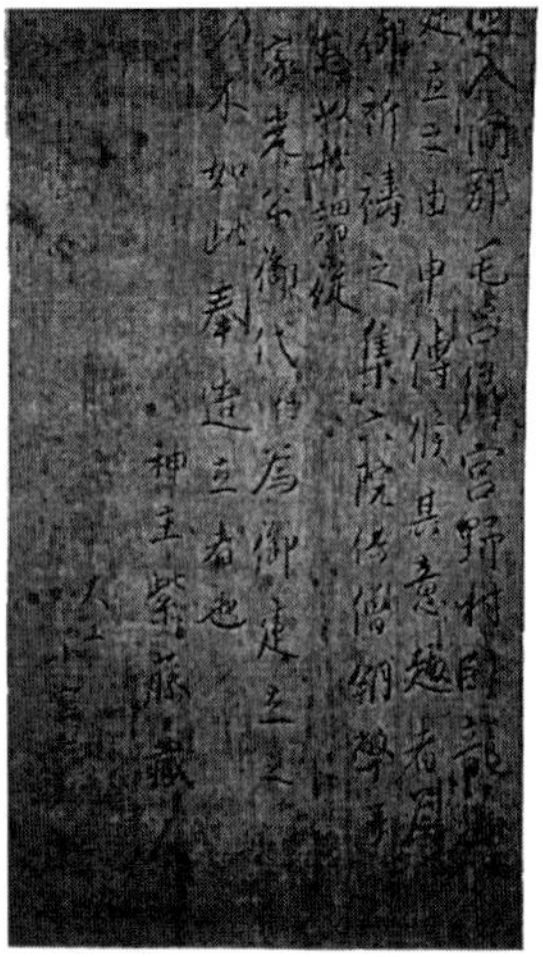

出雲伊波比神社の寛永十年棟札

源頼朝の御建立で「宮野村」にあったのである。そういえば、太田道灌状の毛呂氏の内紛調停の条にみえる「宮野一跡」（一跡は跡目、遺産）・「宮野分」というのも、この宮野村に関わりがあるように思う。「宮野村」とは小野宮家の所領にちなんだ村名ではなかったかと考えるのである。臥龍山一体は、寛文十二年（一六七二）毛呂郷が分村した時、前久保村の飛地となったが、中世・近世初頭を通じて宮野村と言ったのである。そういえば、「新記」では八幡社がある前久保村の小名に「みその」がある。「みその」は御園であり、平安時代以降、神社の荘園の称の一つである。今、大字小田谷・大谷木・長瀬の境に、大谷木川に架かる橋の名として御園橋がわずかにその名残をとどめている。小田谷村・長瀬村の一部が前久保村の飛地であった。御家人毛呂氏の被官に毛呂八幡宮の御園守（下司）の宮野氏が存在したことも十分考えられるのである。

また、旧神主宅付近の小字に三宅（屯倉・収穫物を納める倉）があり、前久保集落センター前の橋は宮里橋である。もっとも、御園・宮野・宮里・三宅などは、普通名詞であって、小野宮とは、直接結び付かないという反論が出るのは当然であろう。ところが、毛呂本郷の中心毛呂季光の館跡、また墳墓の地とも言われる榎堂の南正面には小野岡（現埼玉医大図書館付近）が聳

毛呂本郷小野岡に設立された毛呂病院（昭和 35 年／「新毛呂山町史」より転載）

えているのである。そして小野岡の麓には瀬田（小田谷）三井（小田谷）堅田（毛呂本郷）といった京都に近い近江八景を彷彿させるような地名（もっとも近江八景の成立はずっと時代が下るが）も残っている。毛呂郷が小野宮系藤原氏の荘園であった可能性は、考えられることなのである。それでは毛呂郷が小野宮系藤原氏の所領に帰するのは、何時であったろうか。ここで思い起こしてほしいのが、前述したように季仲の妻が高階泰仲の女であった事実である。高階氏は『國史大辭典』（吉川弘文館）によれば、天武天皇の孫長屋王の王子安宿王が宝亀四年（七七三）に高階真人姓を名のったのを初見とし、弟の桑田王の系統が後世特に栄えたという。受領として蓄えた財力を背景に摂関家の家司となる者が多く、さらに院政期には院の権力のもとで「院司受領」として権勢を振るうものが輩出したという。前出系図のように一族の高階経敏は武蔵守に任ぜられるほどで、毛呂郷（『和名抄』の「高階郷」は、毛呂山町一帯とする説がある）はもともと高階氏の私領だったのではあるまいか。太田亮著『姓氏家系大辞典』によれば、「高階タカシナ和名抄、武蔵国入間郡に高階郷を収め、太加之奈を註す。毛呂本郷のことかと云ふ」とある。つまり、高階泰仲女との婚姻によって毛呂郷は実質的に太宰権帥季仲の所領となったのであろう。従って季仲常陸配流後も毛呂郷は、高階氏の力もあって没収されることなく、岩城氏の言われたように、毛呂郷から常陸の季仲のもとへ細々と仕送りが行われたように思われる。

ところで、岩城論文をさらに発展させるなら、義朝の妻（頼朝の母）の実家である熱田大宮司家は、院に接近して勢力を得た地方豪族でもあった。「熱田大宮司家は鳥羽法皇、中宮の待賢門院（璋子）、皇子の後白河天皇、皇女の上西門院（統子）らに近侍する者が多く、義朝もこの妻の縁で鳥羽法皇に近付き、仁平三年（一一五三）には下野守に任ぜられた」（『鎌倉・室町人名事典』新人物往来社）という。また、季光の家も曾祖父季仲以来、院に近侍して力を保持してきた。両家はこのように近い存在であったから、季光は自然と義朝にも誼みを通じるところがあったのであろう。

ところが、平治の乱による義朝の敗死は、季光を危機に陥れたに違いない。ところが同時に季光は、やはりこの乱で殺された平家側の藤原信西とも近い関係であったから死を免れ、所領の毛呂郷も没収されることは無かったのであろう。そして、岩城論文にあるように、毛呂氏は比企氏ほどではなかったかも知れないが、配流中の頼朝に救いの手を差し伸べていたのである。そのことに対する頼朝の返礼が、季光を豊後守に推挙することであり、また子の季綱に所領を与えることであった。

ところで、前述したように熱田大宮司家と毛呂藤原氏は親しい関係にあったと思われる。京都時代の幼い頼朝と毛呂季光はお互いによく知り合った仲ではなかったかと考えるのである。頼朝が『吾妻鏡』にあるように季光を「由緒ありて門葉に准ぜら」れ、豊後国司に大抜擢した

〔藤原氏略系図〕

鎌足─不比等─房前（北家）─真楯─内麻呂─冬嗣

冬嗣─長良─遠経─尚範─季平─貴清─清平─清嗣─貴年─季良─季仲─季清─季光（大谷木家系図・毛呂山田系譜）
　　　長良─其経
　　　《「大谷木家系図」》（貴清以下『尊卑文脈』になし）

冬嗣─良房＝其経─忠平
　忠平─実頼《小野宮》
　　実頼─敦敏─佐理（三蹟の一人）
　　実頼─頼忠─公任（『和漢朗詠集』編者）
　　実頼─斉敏
　　　斉敏─実資（『小右記』の作者）
　　　斉敏─懐平─経通─経季─季仲─仲光─仲経─季光（『尊卑分脈』系毛呂系図）
　忠平─師輔（摂関家）─兼家─道長─頼通─師実─師通─忠実
　　忠実─忠通（保元の乱）
　　　忠通─兼実
　　　忠通─慈円（愚管抄の著者）
　　忠実─頼長

のには、こうした歴史的背景があったもののように思われる。また小野宮家といえば、有職故実に詳しい「いわゆる有職の小野宮流」(『日本史辞典』角川書店)の家であり、同家出身の季光は、頼朝の対朝廷対策上余人を以て変え難い御家人でもあった。

このように地元の資料(伝承)を生かしつつ、中央の資料と整合性を保っていくには、藤原姓毛呂氏の出自を『尊卑分脈』に求めていかざるをえないであろう。

いずれにせよ、毛呂八幡宮を中心とした毛呂郷が小野宮実頼系藤原氏の所領であり、その毛呂郷に最初に住み着いた藤原氏は太宰権帥季仲の曾孫季光であったというのが本稿の結論である。

ここまで、毛呂藤原氏の出自は、摂政関白太政大臣小野宮実頼の系譜に求めるべきこと、毛呂藤原氏の毛呂郷最初の居住者は、季光であることを中心に述べてきた。次にこれを補強する貴重な金石文を紹介したい。

それは、毛呂季光の子季綱が頼朝より恩賞として賜った(『吾妻鏡』)という武蔵国泉(現滑川町和泉)の泉福寺墓地に遺存する阿弥陀三尊種子の板碑(写真左端)に刻まれた銘文である。

銘文は、摩耗して判然としないところが多いが、大意は弘安十年(一二八七)関白清慎公より六代孫(毛呂季綱—泉季綱か)を祖とする私達(造立者)が代々の祖廟のために汚れのない心をもって、作善(塔の造営)をなすといったところであろう。清慎公とは、小野宮摂政関白太政大臣

泉福寺板碑（滑川町和泉）

藤原実頼の諡で、歌人としても知られ、家集に「清慎公集」を遺している文化人でもあった。これは、毛呂氏の出自を明確に表現している史料と考えてよいであろう。

そして何より、毛呂氏の直系旗本毛呂氏の呈譜により幕府が編纂した『寛政重修諸家譜』の巻第三百九十七は、「藤原氏　実頼流」として「毛呂」氏をあげ「家伝に、其先は太宰権師季仲が後裔にして、武蔵国入間郡毛呂に住せしより家号とすといふ。」と述べている。

なお、この板碑と銘文については、既に『埼玉史談』第三八巻第一号で四方田悟氏が「滑川町和泉泉福寺板碑について」と題して考察されているので詳しくはそちらを参照されたい。

《参考文献》

『毛呂山町史』
『越生の歴史』古代・中世史料〈古文書・記録〉
『坂戸市史』中世史料編Ⅰ
「武蔵国西部の在地領主について―勝沼衆毛呂氏等の考察―」湯山学著（『埼玉史談』第23号第1号・同第2号所収）

『入間・比企の中世武士たち』岩城邦男著（栗原克丸編・岩城裕子発行・製作冬扇社）
「鎌倉御家人毛呂氏の職能と領主制」稲葉継陽著（『生活と文化』7号所収・豊島区立郷土資料館）
河野房男「白河院近臣団の一考察」（『日本歴史』一五五、一九六一年）

注、『和名抄』――『倭名類聚鈔』わが国最初の分類体の漢和辞書。源順著。承平年間（九三一～九三八）醍醐天皇の皇女勤子内親王の命によって撰進された。

注、『尊卑分脈』――源・平・藤・橘などわが国の主要な諸氏の系図。諸系図のうちで最も信頼すべきものとされている。南北朝時代に洞院公定によって編纂された。以後も増補・加除・訂正がなされた。

注、『寛政重修諸家譜』――一五三〇巻。江戸幕府編纂による大名・旗本・幕臣の系譜。「寛永諸家系図伝」の続集編纂を寛政十一年（一七九九）全面的な改撰の計画に変え、新たに諸家に系図を書き上げさせ大成したもの。総裁堀田正敦、林述斎以下の学者多数を動員。文化九年（一八一二）成立（『日本史辞典』角川書店より）。

〔初出〕『埼玉史談』（埼玉県郷土文化会）第五四巻第三号及び第四号
（平成一九年〔二〇〇七〕一〇月～平成二〇年〔二〇〇八〕一月）

（二）『吾妻鏡』等に見る毛呂季光

鎌倉時代研究の基本的な史料『吾妻鏡』の中に毛呂季光の名は、「毛呂季光」、「豊後守季光」、「豊後守」、「豊後前司」などの名で二十一回登場する。なお、意訳は『現代語訳 吾妻鏡』（五味文彦・本郷和人編・吉川弘文館）を参照させていただいた。

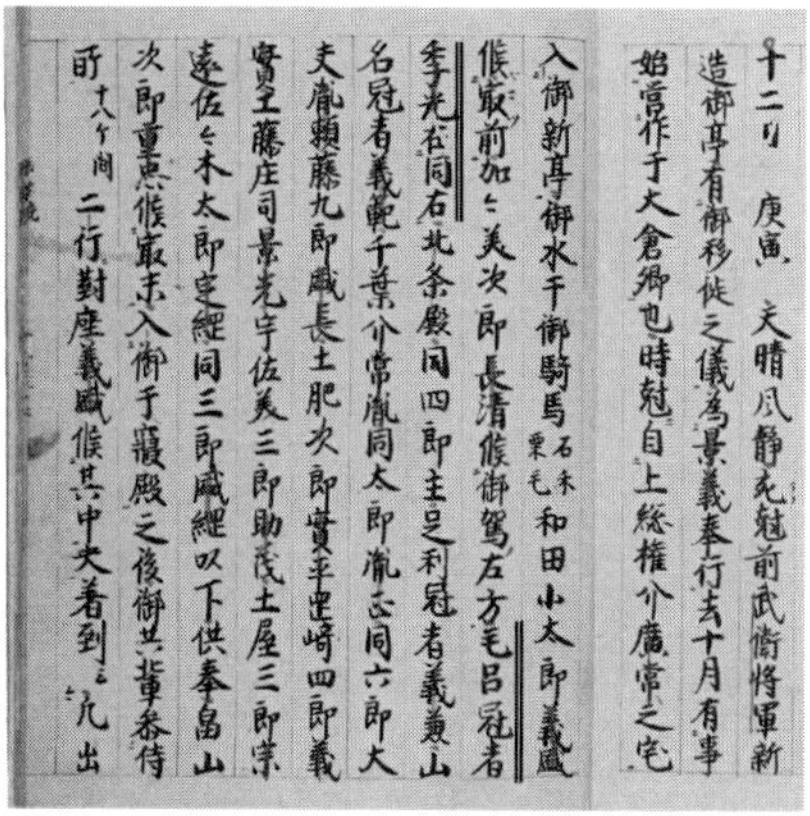

十二日　庚寅　天晴風靜亥尅前武衛將軍新
造御亭有御移徙之儀爲景義奉行去十月有事
始營作于大倉郷也時尅自上総權介廣常之宅
入御新亭御水干御騎馬石和栗毛和田小太郎義盛
候最前加々美次郎長淸候御駕左方毛呂冠者
季光在同右北条殿同四郎主足利冠者義兼山
名冠者義範千葉介常胤同太郎胤正同六郎大
夫胤頼藤九郎盛長土肥次郎實平岡崎四郎義
實工藤庄司景光宇佐美三郎助茂土屋三郎宗
遠佐々木太郎定綱同三郎盛綱以下供奉畠山
次郎重忠候最末入御于寢殿之後御共輩參侍
所十八ヶ間二行對座義盛候其中央着到云々凡出

『吾妻鏡』（北条本）治承四年十二月十二日之条

①巻一

治承四年（一一八〇）十二月十二日

◎頼朝、新造の大倉邸に移徙《わたまし》の儀を行う。

毛呂季光は頼朝の馬の右に供奉する。

【意訳】

十二日、庚寅。晴れて風は静かであった。亥の刻に前武衛（源頼朝）が新造の御邸へ移られる儀式があった。（大庭）景義を担当として去る十月に工事始めがあり、大

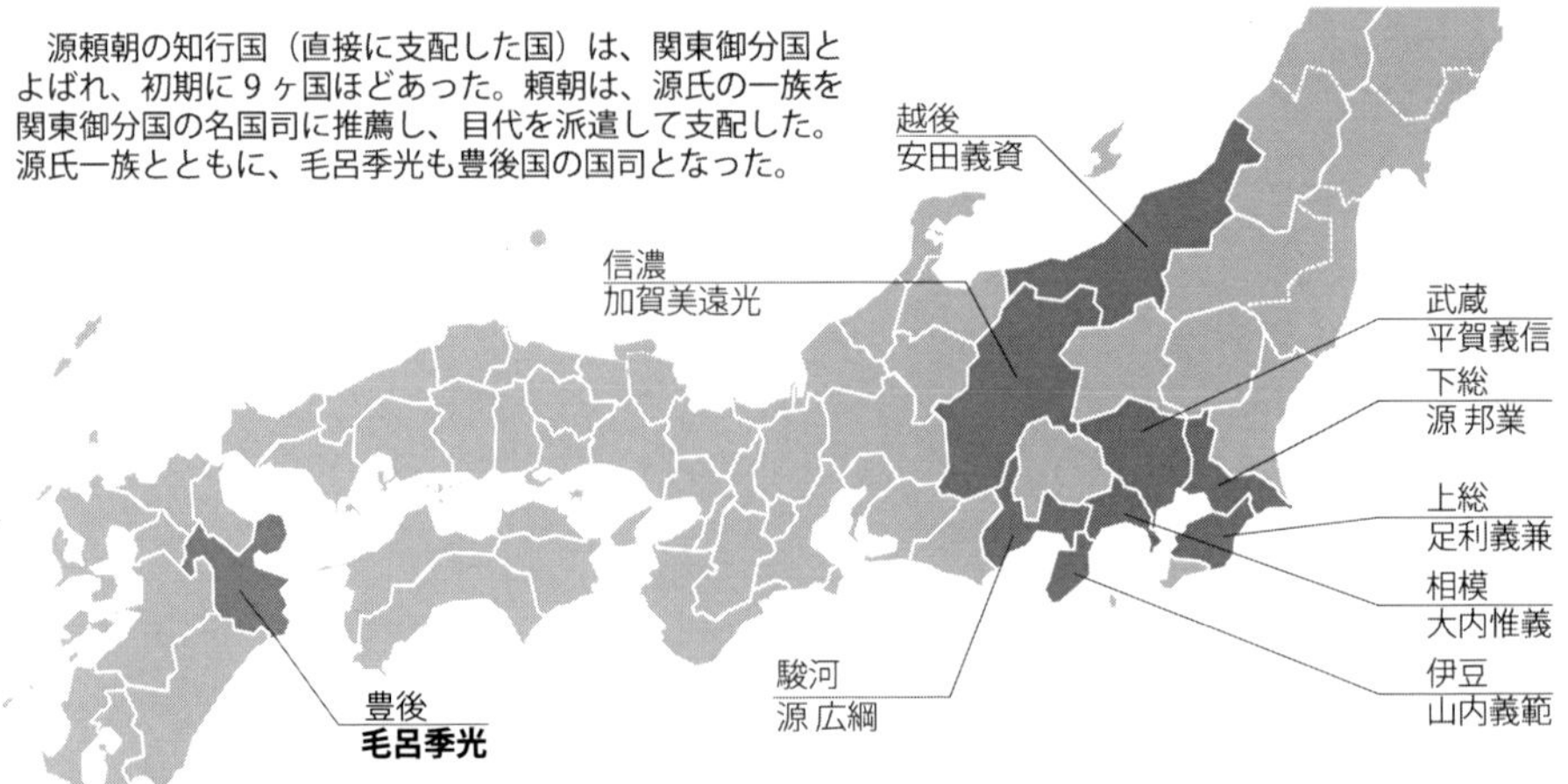

源頼朝の知行国とその名国司
（毛呂山町歴史民俗資料館『常設展示解説図録』を加工転載）
『新毛呂山町史』より転載

倉郷に作られたのである。定刻に（頼朝は）上総権介広常の宅を出発されて、新邸にお入りになった。（頼朝は）水干を着て、馬（石和の栗毛）にお乗りになった。和田小太郎義盛が最前を行き、加々美次郎長清が（頼朝の）馬の左につき、毛呂冠者季光が同じく右についた。北条殿（時政）、同（北条）四郎主（義時）、足利冠者義兼、山名冠者義範、千葉介常胤、同（千葉）太郎胤正、同（東）六郎大夫胤頼、（安達）藤九郎盛長、土肥次郎実平、岡崎四郎義実、工藤庄司景光宇佐美三郎助茂、土屋三郎宗遠、佐々木太郎定綱、同（佐々木）三郎盛綱以下が付き従った。畠山次郎重忠が最末に従った。寝殿にお入りになってから、御供の者たちは侍所（十八間）に参上し、二列に向かい合って座った。

義盛はその中央にいて、そろった者たちを記録したという。出仕した者は三百十一人という。また御家人たちも同じく居館を構えた。これより以降、東国の人々は皆頼朝を徳ある人物と認め、鎌倉の主として推戴することになった。

②巻六

文治二年（一一八六）二月

◎頼朝、諸国の国司の事について、数ケ条を京都に奏上する。毛呂季光を豊後国の国司に推挙する。

【意訳】

二日、庚戌。二位家（頼朝）が、諸国の国司の事について、数ケ条にわたり京都へ申されることがあったという。

一、散位源邦業を国司に任ずべき事

この者は（頼朝の）一族で功の有る者であり、下総国は（頼朝の）御分国であるので推挙申し上げる。

一、毛呂太郎藤原季光を国司に任ずべき事

この者は、大宰権帥（藤原）季仲卿の子孫である。性格はすこぶる穏やかで。（後白河院の）お考えによく叶い、何にせよ適当であるので、（頼朝の）御分国である豊後国司に推挙申し上げる。（後略）

③巻六
文治二年（一一八六）六月
◎毛呂豊後守季光、頼朝へ盃酒を献上する。
【意訳】

一日、丁未。今年は諸国の国力が疲弊し、民衆は春の農作業に苦労していた。二品（源頼朝）はこれを憐れに思われ、三浦介（義澄）・中村庄司（宗平）らに命じて、相模の国中の主な百姓らに米を与えられた（一人に一斗ずつという）。また、これは怪異に基づく災いを攘《はら》う上策であるという。夜になって、豊後守（毛呂）季光が盃酒を献上した。昨日、武蔵国から参上したという。

④巻六
文治四年（一一八八）三月
◎鶴岡八幡宮で大般若経の供養大法会が行われる。
【意訳】
毛呂季光、頼朝の御後に布衣を着て供奉する。

十五日、辛亥。鶴岡八幡宮の道場で大法会がとり行われた。（梶原）景時の宿願であった大般若経の供養である。二品（源頼朝）は御結縁のためお出ましになった。供奉の人々は、威儀を整えた。そしてお出ましの時になって武田兵衛尉有義を召し、「道中の御剣の役を勤めるように」と命じられたところ、（有義が）たいそう渋ったので、（頼朝は）大変お怒りになり、「先年小松内府（平重盛）の剣を持つ役を勤めたことは、すでに洛中では有名である。これは源家の恥辱ではないか。重盛は他門の者であるが、自分は一門の棟梁である。どう思うか。」と仰った。そして（小山）朝光を召してその御剣を与えられた。有義は供奉することができず、行方をくらましたという。（頼朝の）お出ましの行列は以下の通り。

先陣の随兵八人
　小山兵衛尉朝政　葛西三郎清重（中略）
頼朝の御後二十二人（おのおの布衣を着す）
参河守（源範頼）　信濃守（加々美遠光）　越後守（安田義資）　上総介（足利義兼）
駿河守（源広綱）　伊豆守（山名義範）　豊後守（毛呂季光）　関瀬修理亮（義盛）
村上判官代（基国）　安房判官代（能勢高重）　藤判官代（藤原邦通）　新田蔵人（義兼）
大舎人助　千葉介（常胤）　三浦介（義澄）　畠山次郎（重忠）　足立右馬允（遠元）
八田右衛門尉（知家）　藤九郎（安達盛長）　比企四郎（能員）　梶原刑部丞（朝景）

同兵衛尉（景定）

⑤巻九

文治五年（一一八九）六月

◎鶴岡八幡宮の御塔の供養に、毛呂季光、頼朝の御後に列を組んで従う。

【意訳】

九日、丁酉。（鶴岡八幡宮）の御塔の供養があった。導師は法橋観性、呪願は鶴岡若宮別当の法眼円暁が勤めた。請僧は七人で、四人は導師の伴僧、三人は若宮の供僧であった。舞楽があり、二品（源頼朝）がお出ましになった。ただし鶴岡八幡宮寺の至近までは（軽服のため）やはり慎まれ、（馬場の）埒の辺に御桟敷を構え、儀式を御覧になるばかりであった。隼人佐（三善康清）と梶原平三景時がかねてから宮寺の中にあった行事を勧めたという。お出ましの儀は以下の通り。

先陣の随兵

小山兵衛尉朝政　　土肥次郎実平

下河辺庄司行平　　小山田三郎重成

三浦介義澄　　　　　葛西三郎清重
八田太郎朝重　　　　江戸太郎重長
二宮小太郎光忠　　　熊谷小次郎直家
信濃三郎光行　　　　徳河三郎義秀
新田蔵人義兼　　　　武田兵衛尉有義
北条小四郎（義時）　武田五郎信光

続いて（頼朝が）束帯を着て徒歩で行かれた。
御剣　佐貫四郎大夫広綱
御調度　佐々木左衛門尉高綱
御甲　梶原左衛門尉景季

次に（頼朝の）御後に列を組む人々（各人布衣）
武蔵守（平賀）義信　　遠江守（安田）義定
駿河守（源）広綱　　　参河守（源）範朝
相模守（大内）惟義　　越後守（安田）義資

因幡守（中原）広元　豊後守（毛呂）季光
皇后宮権少進（藤原為宗）　安房判官代（源）隆重
藤判官代（藤原）邦通　紀伊権守（豊島）有経
千葉介常胤　八田右衛門尉知家
足立右馬允遠元　橘右馬允公長
千葉大夫胤頼　畠山次郎重忠
岡崎四郎義実　藤九郎（安達）盛長

後陣の随兵

小山七郎朝光　北条五郎時連
千葉太郎胤政　土屋次郎義清
里見冠者義成　浅利冠者遠義
三浦十郎義連　伊藤四郎家光
曽我太郎祐信　伊佐三郎行政
佐々木三郎盛綱　新田四郎忠常
比企四郎能員　所六郎（藤原）朝光

和田太郎義盛　　　梶原刑部丞朝景

⑥巻九

文治五年（一一八九）七月

◎毛呂季光、頼朝の奥州征伐に従い出陣する。

【意訳】

十九日、丁丑。巳の刻に二品（源頼朝）が奥州の（藤原）泰衡を征伐するため出陣された。先陣は畠山次郎重忠である。まず人夫八十人が引馬の前にあり、そのうち五十人はそれぞれが雨皮で包んだ征矢三腰を担いだ。三十人には鋤や鍬を持たせた。次に引馬が三頭おり、次に重忠が続き、次に五騎が従ったが、それらは長野三郎重清・大串小次郎（重親）・本田次郎（親常）・榛沢六郎（政清）・柏原太郎らであった。おおよそ、鎌倉から出陣した軍勢は一千騎である。

次に（頼朝が乗られた）御馬。御弓袋差・御旗差・御甲着らは（頼朝の）御馬の前にあった。鎌倉の出陣より御供したのは以下の者たちである。

武蔵守（平賀）義信　遠江守（安田）義定　参河守源範頼

信濃守（加々美）遠光　相模守（大内）惟義　駿河守（源）広綱
上総介（足利）義兼　伊豆守（山名）義範　越後守（安田）義資
豊後守（毛呂）季光　北条四郎（時政）同小四郎（義時）同五郎（時連）
式部大夫（藤原）親能　新田蔵人義兼　浅利冠者遠義（後略）

⑦巻十
建久元年（一一九〇）九月
◎頼朝上洛する。毛呂季光は一門に列せられ、随兵記に「殿」の字が加えられた。

【意訳】

二十九日、庚辰。（頼朝上洛の）先陣の随兵記を（和田）義盛に与えられ、後陣の随兵記を（梶原）景時に下された。（義盛と景時の）それぞれが差配することになったからである。その随兵記の内、（頼朝の）家子（源氏一門）ならびに豊後守（毛呂季光）・泉八郎らについては、（名前に）「殿」の字が加えられたという。

⑧巻十
建久元年（一一九〇）十一月

◎頼朝行列、六波羅に到着する。毛呂季光後陣の随兵（十三番目）として従う。

【意訳】

七日、丁巳。雨が降った。午の一刻に晴れた。その後、風が激しく吹いた。二品（源頼朝）が入京された。法皇（後白河）は内々に御車で（行列を）御覧になった。見物の車がたくさん（賀茂川の）河原に並んでいた。申の刻に先陣が都に入った。（行列は）三条大路の末を西へ行き、河原を南へ行き、六波羅に到着された。その行列は次の通り。

（中略）

（次に後陣の随兵）

十番

下河辺庄司（行平）　鹿島六郎（頼幹）　真壁六郎（長幹）

十一番

大胡太郎（重俊）　禰智次郎　大河戸三郎（行元）

十二番

毛利三郎（頼隆）　駿河守（源広綱）　平賀三郎（智信）

十三番

泉八郎　豊後守（毛呂季光）　曽禰太郎
十四番
村上左衛門尉（頼時）　村上七郎（頼直）　高梨次郎
十五番
村上右馬助（経業）　同判官代（基国）　加々美次郎（長清）

⑨巻十一
建久二年（一一九一）三月
◎鎌倉大火により幕府、鶴岡若宮、御家人の屋敷等焼亡する。毛呂季光最前に馳せ参じる。
【意訳】

四日、壬子。曇り。南風が烈しかった。丑の刻に小町大路の辺で失火があった。江間殿（北条義時）・相模守（大内惟義）・村上判官代（高国）・比企右衛門尉（能員）・同藤内（朝宗）・佐々木三郎盛綱・昌寛法橋・新田四郎（忠常）・工藤小次郎（行光）・佐貫四郎（広綱）以下の屋敷数十宇が焼亡した。余炎は飛ぶようにして鶴岡（八幡宮）の馬場本の塔婆に燃え移った。この間、幕府御所も同じく被災した。そしてまた（鶴岡）若宮の神殿・廻廊・経所などが悉く灰燼に帰した。供僧の宿坊など少々も同じくこの災を免れなかったという。全く（広田）邦房の言葉はまことに掌を指すように適中したのであった。寅の刻に（頼朝は）藤九郎（安達）盛長の甘縄の宅に入られた。炎上の事によるものである。

五日、癸丑。炎上の事により近国の御家人らが参集した。相模の渋谷庄司や武蔵の毛呂豊後守（季光）は最前に馳せ参じたという。

鎌倉大火（杉田鐘治氏画）

⑩巻十二

建久三年（一一九二）十一月

◎鎌倉永福寺の供養が行われた。毛呂季光、頼朝の御後の供奉人として布衣を着て従う。

【意訳】

二十五日、甲午。白い雲が飛び散っていた。午の刻以後は晴れた。早朝、熊谷次郎直実と久下権守直光が（頼朝の）御前で（訴訟の）対決を遂げた。これは武蔵国の熊谷と久下との境界の相論のことである。

（中略）

今日、永福寺の供養が行われた。曼荼羅供養があり、導師は法務大僧正公顕という。前因幡守（中原）広元が行事となった。導師と請僧への布施などは、勝長寿院の供養と同じであった。布施取の役には十人が選ばれた。また、導師への加布施は銀剣であり、前少将（平）時家がこれを渡した。頼朝が出かけられたという。

先陣の随兵

伊沢五郎信光　　信濃三郎（南部）光行
小山田三郎（稲毛）重成　　渋谷次郎高重
三浦左衛門尉義連　　土肥弥太郎（小早河）遠平
小山左衛門尉朝政　　千葉新介胤正

将軍家

小山七郎朝光が（頼朝の）御剣を持った。
佐々木三郎盛綱が（頼朝の）御甲を着た。
勅使河原三郎有道が（頼朝の）御調度を懸けたという。

御後の供奉人（各人布衣）

武蔵守（平賀）義信　　参河守（源）範頼
遠江守（安田）義定　　上総介（足利）義兼
相模守（大内）惟義　　信濃守（加々美）遠光
越後守（安田）義資　　豊後守（毛呂）季光
伊豆守（山名）義範　　加賀守（源）俊隆
（後略）

⑪巻十三
建久四年（一一九三）五月
◎頼朝、曾我五郎を尋問する。毛呂季光がその場に伺候する。

【意訳】

二十九日、甲午。辰の刻に曽我五郎（時致）が御前の庭の上に召し出された。将軍家（源頼朝）がお出ましになった。幕を二間揚げ、しかるべき人々十余人がその場に伺候した。すなわち一方には北条殿（時政）・伊豆守（山名義範）・上総介（足利義兼）・江間殿（北条義時）・豊後前司（毛呂季光）・里見冠者（義成）・三浦介（義澄）・畠山二郎（重忠）・佐原十郎左衛門尉（義連）・伊沢五郎（信光）・小笠原二郎（長清）らが、いま一方には小山左衛門尉（朝政）・下河辺庄司（行平）・稲毛三郎（重成）・長沼五郎（宗政）・榛谷四郎（重朝）・千葉太郎（成胤）・宇都宮弥三郎（頼綱）らが伺候した。結城七郎（朝光）・大友左近将監（能直）は御前の左右にいた。和田左衛門尉（義盛）・梶原平三（景時）・狩野介（宗茂）・新開荒次郎（実重）らは、両座の中央に伺候した。

このほかの御家人らも多数参りその数は数え切れなかった。

⑫巻十四

建久五年（一一九四）十二月

◎毛呂季光、永福寺薬師堂の奉行人になる。

【意訳】

十二月大

一日、丁巳。将軍家（源頼朝）が藤九郎（安達）盛長の甘縄の家に入られた。盛長が奉行している上野国内の寺社はすべて管領するよう、その場で仰せを受けたという。

二日戊午。御願の寺社に奉行人を定め置かれていたが、今日重ねて審議があり、人数を増やされた。

鶴岡八幡宮（上下）

大庭平太景能　藤九郎（安達）盛長　右京進（中原）季時　図書允（清原）清定

勝長寿院

因幡前司（中原）広元　梶原平三景時　前右京進（中原）仲業　豊前介（清原）実景

永福寺

三浦介義澄　畠山次郎重忠　義勝房成尋

同阿弥陀堂

前掃部頭（藤原）親能　民部丞（二階堂）行政　武藤大蔵丞頼平

同薬師堂（今新造している）

豊後守（毛呂季光）　隼人佑（三善）康清　平民部丞盛時

⑬巻十四

建久五年（一一九四）十二月

◎永福寺内に新造された薬師堂の供養が行われ、毛呂季光、布施取を勤める。

【意訳】

二十六日、壬午。永福寺の内に新造された薬師堂の供養が行われた。導師は前権僧正勝賢という。将軍家（源頼朝）がお出ましになった。北条五郎時連が（頼朝の）御剣を持ち、愛甲三郎（季隆）が御調度を懸けたという。

随兵八騎

北条小四郎（義時）　小山七郎朝光

武田兵衛尉有義　加々美次郎長清

三浦左衛門尉義連　梶原左衛門尉景季

千葉新介胤正　葛西兵衛尉清重

布施取

右兵衛督（一条）高能朝臣　左馬権頭公佐朝臣

上野介（藤原）憲信　皇后宮大夫進（伊佐）為宗

前対馬守（源）親光　豊後守（毛呂）季光

橘右馬権助以広　工藤蔵人

安房判官代（能勢）高重

導師の布物

錦の被物三重　綾の被物七十重　綾百端

長絹百疋　染絹三百端　白布千端

加布施

金作の剣一腰

香呂箱（綾・紫絹で作られている）

この外

馬二十頭　供米三百石

（中略）

二十八日、庚申。将軍家（源頼朝）と御台所（政子）、若君（のちの頼家）らが永福寺薬師堂に参られた。供養が無事に終わったので、わざわざ礼仏をされたという。

⑭巻十五

建久六年（一一九五）正月

◎毛呂季光、中条家長と喧嘩を起こす。

【意訳】

八日、甲午。豊後守（毛呂）季光と中条右馬允家長とが喧嘩を起こした。いよいよ合戦が始まろうかという状況になったので、双方の縁者らが馳せ集まった。そこで和田左衛門尉義盛を遣わして争いをやめさせられた。家長については前右衛門尉（八田）知家に命じて出仕を停止させられた。（知家の）養子であるためである。季光については御所中

毛呂季光と中条家長の喧嘩（杉田鐘治氏画）

に召し出され、「御家人らに対して戦闘し命を失おうとするのははなはだ穏やかでない。」と直に諭されたという。

この騒動のため今日の心経会は延期されたという。すでにその場での天魔の障りによって恒例の仏事が差し置かれてしまった。すなわち彼の両人の確執はまったく天と地の神仏の深いおぼしめしに背くものといえよう。このことは、季光は由緒があって（頼朝の）門葉の家柄に準ずるので、たいそう徳が備わっていると思っていたところ、家長が壮年の身で、知家の養子として権威を誇り無礼を働いたために、季光が咎めたという。

※中条家長は、現在の埼玉県熊谷市出身の御家人。

⑮巻十五

建久六年（一一九五）三月

◎頼朝、石清水・左女牛若宮八幡宮の臨時祭に参詣する。毛呂季光後騎を勤める。

【意訳】

九日、甲午。七条院（藤原殖子）が南都に下向された。これは東大寺の供養のためである。（院庁の）年預（女院に奉仕する院司）の右馬頭（藤原）信清朝臣が後騎に伺候したという。

（中略）

今日、将軍家（源頼朝）は石清水八幡宮と左女牛若宮に参られた。臨時祭があるためである。（頼朝は）網代車に乗車され、若公（のちの頼家は）檜網代の車に乗られ、御台所（政子）は白の衣の出された八葉の車に乗られた。左馬頭（藤原）隆保朝臣と越後守（藤原）頼房は、ともに衛府二人ずつを伴い出車に乗った。先駆はおらず、源蔵人大夫頼兼・上総介（足利）義兼・豊後守（毛呂）季光らが後騎を勤めた。御幣と鴾毛の神馬二頭などが前を進んだ。石清水では宝前で通夜をされたという。

（後略）

※左女牛八幡宮は、現在の京都市東山区若宮八幡宮。六條八幡とも呼ばれ、源氏一族や多くの武士からの信仰を集めた。

⑯巻十五

建久六年（一一九五）三月

◎頼朝、東大寺供養のため、奈良東南院（大仏殿の東南にあり、現在の東大寺本坊）に到着する。毛呂季光、狩装束で頼朝の御車に従う。

【意訳】

十日、乙未。将軍家（源頼朝）は東大寺供養に加わられるため、南都の東南院に到着された。石清水（八幡宮）から直接下られたという。供奉人の行列は以下の通り。

先陣

畠山三郎（重忠）和田左衛門尉（義盛）

（それぞれ並ばなかった）次に御随兵（三騎が並んだ。それぞれ家子・郎党は同じく甲冑を着け、かたわらに連なった。その人数は随意であった）

（中略）

将軍（頼朝）（御車）

相模守（大内惟義）源蔵人大夫（頼兼）上総介（義兼）（三人並ぶ）

伊豆守（山名義範）源右馬助（経業）（二人並ぶ）

因幡前司（中原広元）三浦介（義澄）（二人並ぶ）

豊後前司（毛呂季光）山名小太郎（重国）那珂中左衛門尉（実久）土肥荒次郎（実重）

足立左衛門尉（遠元）比企右衛門尉（能員）

藤九郎（安達盛長）宮大夫所六郎（伊賀朝光）

⑰巻十五

建久六年（一一九五）三月

◎頼朝、東大寺の供養に参堂する。毛呂季光らこれに供奉する。

源頼朝に随伴し、東大寺に参堂する毛呂季光ら（杉田鐘治氏画）

【意訳】

十二日、丁酉。朝、雨が降った。（その後）晴れたが、午の刻以後、雨が頻りに降った。また地震もあった。今日は東大寺の供養である。雨の神・風の神の降臨や天地の神々の出現のめでたいしるしは明らかである。寅の一点に和田左衛門尉義盛と梶原平三景時とが数万騎の勇壮な武士を引き連れて寺の四面周辺を警護した。日の出の後に将軍家（源頼朝）が参堂された。御車に乗られた。小山五郎宗政が

(頼朝の)御剣を持ち、佐々木中務丞経高が御甲を着て、愛甲三郎季隆が御調度を懸けた。(藤原)隆保・(藤原)頼房朝臣らが従い、(車の)軒を連ねた。伊賀守(藤原)仲教・蔵人大夫(源)頼兼・宮内大輔(藤原)重頼・相模守(大内)惟義・上総介(足利)義兼・伊豆守(山名)義範・豊後守(毛呂)季光らが供奉した。随兵は数万騎にもなるが、皆あらかじめ辻々や寺の内外を警護していた。

(後略)

⑱巻十五

建久六年(一一九五)四月

◎頼朝、石清水八幡宮に参詣する。毛呂季光、前駆を勤める。

【意訳】

十五日、庚午。晴れ。申の刻から雨が降った。今日、将軍家(源頼朝)は石清水八幡宮に参られた。若君(のちの頼家)が同車されたという。伊賀守(藤原)仲教・相模守(大内)惟義・豊後守(毛呂)季光が前駆となり、随兵二十騎が分かれて前後の陣に供奉した。

(後略)

⑲巻十五

建久六年（一一九五）五月

◎頼朝、四天王寺に参詣する。毛呂季光、頼朝の御車の御後に水干姿で従う。

【意訳】

二十日、甲辰。曇り。常に小雨が降っていた。（頼朝は）卯の刻に天王寺に参られた。御家人らに割り当てて人夫を集めた。御船の綱手を引かせるためである。洛中では車に乗られ、鳥羽から御船を用いられた。丹後二品局（高階栄子）の船を借用された。（頼朝は）一条二品禅室（能保）と同道するとあらかじめ約束されており、能保が御船を用意して途中の庄園に雑事を割り当てられていると（頼朝の）耳に入った。これは甚だお考えにそぐわず、お受けできないので、同道されることを中止されたという。日のあるうちに渡部津に到着された。ここから乗車され、御台所（政子）の御車と軒を連ねた。女房の出車などもあった。それぞれ行列を整えたが、随兵以下、供奉の人々はみな騎馬であったという。

先陣の随兵

畠山二郎重忠　　千葉二郎師常

（中略）

（頼朝の）御車

御後（水干を着た）
源蔵人大夫頼兼　越後守（藤原）頼房
相模守（大江）惟義　上総介（足利）義兼
伊豆守（山名）義範　前掃部頭（藤原）親能
豊後守（毛呂）季光　前因幡守（中原）広元
左衛門尉（小山）朝政　右衛門尉（八田）知家
左近将監（大友）能直　右京進（中原）季時
三浦介義澄　梶原平三景時
（後略）

放生会の錦絵「源頼朝」（月岡芳年画）

⑳巻十五
建久六年（一一九五）八月
◎鶴岡放生会が行われ、毛呂季光ら召されて廻廊に伺候する。
【意訳】
十五日、丁卯。鶴岡放生会が行われた。将軍家（源頼朝）が参られた。梶原源太左衛門尉景季が（頼朝の）御剣を持ち、望月三郎重隆が御調度を懸けた。舞楽が行われた。伊豆守（山名）義範・豊後守（毛呂）季光・千葉介常胤・三浦介義澄・小山左衛門尉朝政・八田右衛門尉知家・比企右衛門尉能員・足立左兵衛尉遠元らが召されて廻廊に参り、伺候したという。

㉑巻十五

建久六年（一一九五）十月

◎鶴岡臨時祭が行われ、頼朝、参詣する。毛呂季光ら、これに供奉する。

【意訳】

七日、戊午。鶴岡臨時祭が行われ、将軍家（源頼朝）が参られた。江間太郎（北条頼時）・北条五郎（時連）・伊豆守（山名）義範・豊後守（毛呂）季光・江左衛門大夫（大江）成季以下がこれに供奉した。御経供養があり、導師は大学法眼行慈という。

〔参考〕

『吾妻鏡』以外に毛呂季光の名が見える史料は次の一点のみである。

◎毛呂季光等、鶴岡八幡宮一切経并両界曼荼羅供養に当り、布施取を勤める。

鶴岡八幡宮一切経并両界曼荼羅供養記（杉浦文書・「新編埼玉県史」より）

（端裏書）

「一切経并両界曼荼羅供養之事」

（鎌倉）

「浄国院」

鶴岡八幡宮一切経并両界曼荼羅供養事、

施主　上総介義兼（足利）着布衣在廻廊、武蔵守（平賀義信）　伊豆守（山名義範）以下門葉数輩同列座

曼荼羅供　建久五年甲寅十一月十三日、

大名群参、為結縁、貴賤成市、

導師　当宮別当法眼円暁、願文草信救　清書

按察使（藤原）朝方郷（卿）

題名僧六十口当社供僧以下

導師布施

錦被物五重　綾被物五重

（中略）
布施取
三位判官代教重（藤原）　上野介憲信（藤原）
豊後守季光（毛呂）　安房判官代高重（源）
以下十二人略之、

『吾妻鏡』と毛呂季綱

『吾妻鏡』には、毛呂季光のほか毛呂太郎季綱が登場する。季綱は季光の嫡男とみられ、建久六年（一一九五）三月、上洛した頼朝が石清水八幡宮から南都（奈良）へ向かう随兵に父とともに「毛呂太郎」の名が記されている。

季綱は建久四年（一一九三）二月、頼朝から「武蔵国泉勝田」の地を与えられている。頼朝が伊豆の流人時代、季綱に恩義を受けたことに報いたものといわれる。

『吾妻鏡』の正治元年（一一九九）十月、梶原景時弾劾の連署状にある「諸次郎季綱」、翌同二年（一二〇〇）二月、源頼家の鶴岡八幡宮参詣に随行した「泉次郎季綱」は同一人物で、いずれも毛呂季綱と考えられる。

『吾妻鏡』には、源氏の将軍家二代に渡って仕える御家人毛呂氏の姿をみることができr。

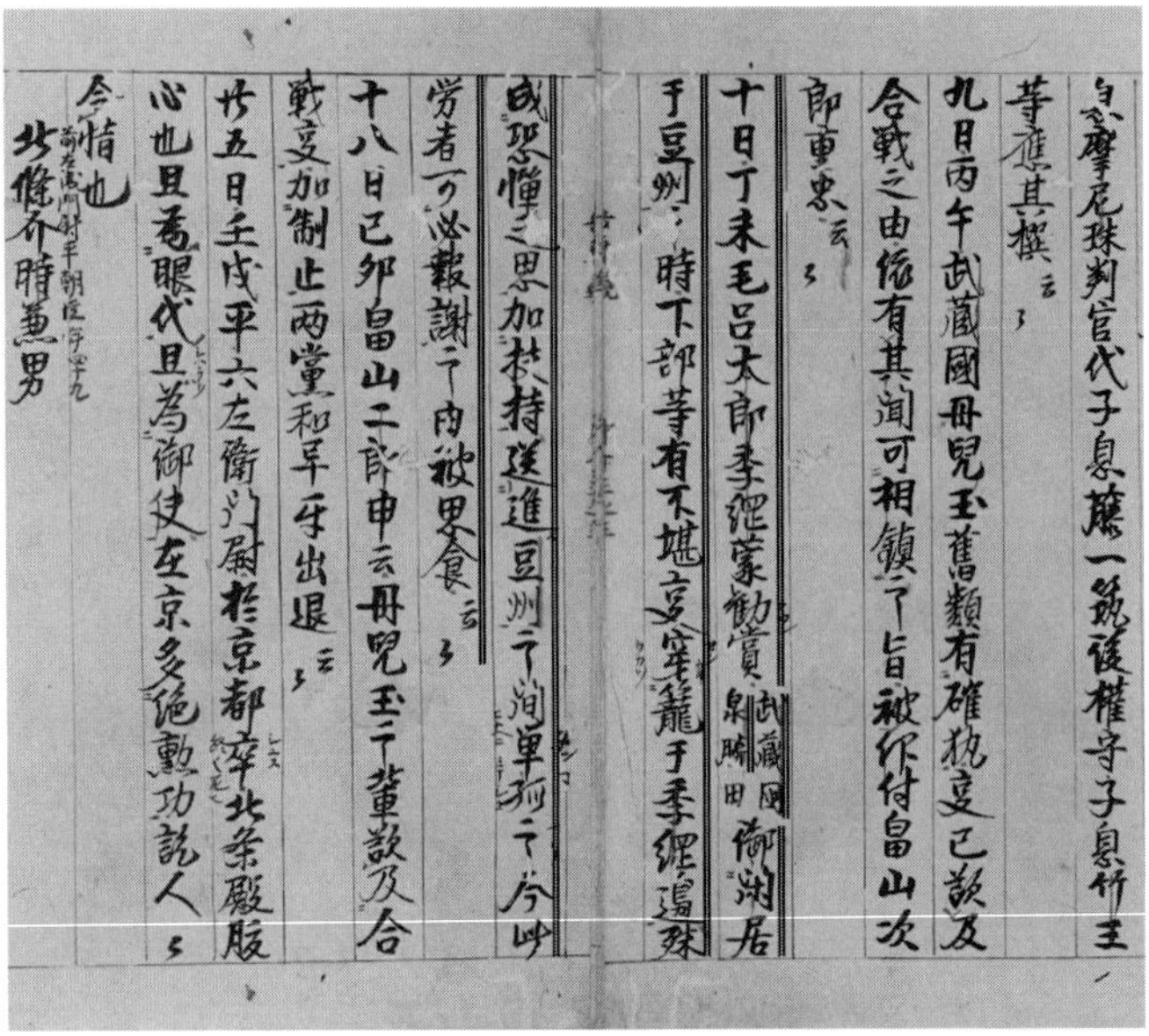
自摩尼珠刃官代子息藤一族後権守子息竹王
等進其旗云々
九日丙午武蔵国丹児玉党類有確執之已欲及
合戦之由依有其聞可相鎮之旨被仰付畠山次
郎重忠云々
十日丁未毛呂太郎季綱蒙勧賞武蔵国泉勝田居
于豆州之時下部等有不堪之窮籠于季綱辺殊
成恐憚之思加扶持送進豆州之間単将之今以
労者可被報謝之由被思食云々
十八日己卯畠山二郎申云丹児玉之輩欲及合
戦之処加制止両党和平而退出云々
廿五日壬戌平六左衛門尉於京都卒北条殿服
心也且為眼代且為御使在京多施勲功諸人々
令惜也
北條介時兼男

『吾妻鏡』建久四年二月十日之条（部分）

㉒巻十三

建久四年（一一九三）二月

◎毛呂太郎季綱、頼朝より褒賞として武蔵国泉・勝田の地を賜る。

【意訳】

九日、丙午。武蔵国の丹党と児玉党との間で争い事があった。まさに合戦が起きようとしているとの風聞があったので、鎮めるよう畠山次郎重忠に命じられたという。

十日、丁未。毛呂太郎季綱が褒賞として武蔵国泉・勝田を頂いた。（これは頼朝が伊豆に配流され）閑居されていた時に、下部たちが貧窮のため、季綱の邸の辺に逃れていたことがある。季綱は非常に畏れ多いとの思いを抱き、

（下部らの）面倒をみて、伊豆まで送ったので、寄る辺のない現在ではあるが、この労には必ず報いて感謝しようと思われていたという。

㉓巻十五

建久六年（一一九五）三月

◎頼朝、東大寺供養のため、奈良東南院（大仏殿の東南にあり、現在の東大寺本坊）に到着する。頼朝の御車に毛呂太郎季綱御随兵として加わる。

【意訳】

次に御随兵

（三騎ずつ並んだ。家子・郎党は先陣と同じである）

小山左衛門尉（朝光）北条五郎（時連）平賀三郎（朝信）

奈古蔵人（義行）徳河三郎（義秀）毛呂太郎（季綱）

（後略）

㉔巻十六

正治元年（一一九九）十月

◎梶原景時、弾劾の連署状に諸（毛呂）二郎季綱加判する。

【意訳】

二十八日、丁亥。晴れ。巳の刻に千葉介常胤・三浦介義澄・千葉太郎胤政・三浦兵衛尉義村・畠山次郎重忠・小山左衛門尉朝政・同七郎朝光・足立左衛門尉遠元・和田左衛門尉義盛・同兵衛尉常盛・比企右衛門尉能員・所右衛門尉（藤原）朝光・民部丞（二階堂）行光・葛西兵衛尉清重・八田左衛門尉知重・波多野小次郎忠綱・大井次郎実久・若狭兵衛尉（島津）忠季・渋谷次郎高重・山内刑部丞常俊・宇都宮弥三郎頼綱・榛谷四郎重朝・安達藤九郎盛長入道・佐々木三郎兵衛尉盛綱入道・稲毛三郎重成入道・藤九郎（安達）景盛・岡崎四郎義実入道・土屋次郎義清・東平太重胤・土肥先次郎惟平・河野四郎通信・曽我小太郎祐綱・二宮四郎（友平）・長江四郎朝義・諸（毛呂）二郎季綱・天野民部丞遠景・工藤小次郎行光・右京進（中原）仲業以下の御家人らが、鶴岡八幡宮の廻廊に群集した。

これは（梶原）景時を指弾する一味同心を改めない旨を（神仏に）誓うためである。しばらくして仲業が訴状を持参し、衆中でこれを読み上げた。鶏を養う者は狸を畜わず。獣を牧う者は豺を育てない、と記されていた。義村は特にこの句に感心したという。それぞれ署判を加えた。その人数は六十六人である。

（注）梶原景時は結城朝光を頼家に讒言したが、朝光は諸将と連署して、その誣告を訴えたのである。

景時は鎌倉から追放され、翌年（一二〇〇）駿河国狐崎に一族とともに討死した。

㉕巻十六

正治二年（一二〇〇）二月

◎頼家、鶴岡八幡宮へ社参する。

後陣の随兵に泉（毛呂）次郎季綱の名が見える。

【意訳】

廿六日壬午。晴る。中将家（頼家）鶴岡八幡宮に御参する、御喪明けの後初めてである。上宮において御経を供養される。導師は辨法橋宣豪という。

御出の供奉人

先陣随兵十人。

（中略）

次に後陣の随兵

村上余三判官仲清　小笠原太郎長経

武田九郎信光　泉次郎季綱

安達九郎景盛　比企判官四郎能員

土屋次郎義清　　　　土肥先次郎惟光
葛西兵衛尉清重　　　江戸次郎朝重
（後略）

㉖巻二十五
承久三年（一二二一）六月
◎承久の乱「六月十四日宇治合戦に敵を討つ人々」の中に泉（毛呂）次郎（季綱）の名がある。
【意訳】
六月十四日宇治合戦に敵を討つ人々。（中略）
二宮三郎二人。名を知らず。曽我八郎一人。宰相中将格勤の者。同八郎三郎一人。同じ格勤の者。泉八郎二人。同次郎（季綱）三人安東兵衛尉が手、（後略）

（一）パレードにおける季光の位置
このように『吾妻鏡』に記された毛呂季光の足跡をながめてみると、その地位の高さに驚く。

まずパレードにおける季光の位置を見てみよう。

①治承四年（一一八〇）十一月、新造の大倉御所への移徙の儀。
水干・騎馬の頼朝の前に和田義盛、左に加賀美長清、右に毛呂季光、後ろに北條時政・義時父子、以下足利・山名・千葉と続く。侍所別当の和田義盛の先頭は当然として、頼朝の左を護った加賀美長清は加賀美遠光の次男、甲斐源氏の一族、後信濃小笠原氏の祖となる。右に付いたのが毛呂季光である。まさに源氏と同格、あるいはそれ以上の存在である。足利・山名両源氏をおさえてナンバー3の位置と言ってよい。幕府の体制が整う以前の季光の地位は突出しているのである。これは記録に残されていない頼朝への貢献が何かあったものと考えられる。

菱沼一憲氏も、その著『源頼朝』（中世武士選書・戎光祥出版）の中で「加々美長清は治承四年十二月十二日、鎌倉の頼朝新亭への渡御の行列には、毛呂季光と並んで騎馬する頼朝の左右に候じており、これは当日、参上した三一一人の御家人の中で最も名誉ある位置であり、幕府内で頼朝に準じた地位にあることを示している。」と述べている。

④文治四年（一一八八）三月、頼朝鶴岡大般若経供養に臨む。頼朝の後に布衣で従う二十二人の内、源範頼、加賀美遠光、安田義資、足利義兼、伏見広綱、山名義範に次いで七番目に毛呂季光。

⑤文治五年(一一八九)六月、鶴岡塔供養。頼朝の後に布衣で列する人々の内、大内義信、安田義定、伏見広綱、源範頼、大内惟義、安田義資、大江広元に次いで八番目に毛呂季光。

⑥文治五年七月、パレードではないが、奥州に進発する頼朝の鎌倉出御に御供する輩の順。大内義信、安田義定、源範頼、加賀美遠光、大内惟義、伏見広綱、足利義兼、山名義範、安田義資、次ぎが豊後守季光、続いて北條親子。

⑧建久元年(一一九〇)十一年、頼朝入洛。
この時季光は、後陣の随兵十三番。

⑩建久三年(一一九二)十一月、永福寺供養。頼朝御後の供奉人(おのおの布衣)。大内義信、源範頼、安田義定、足利義兼、大内惟義、加賀美遠光、安田義資、次が豊後守季光。

⑯建久六年(一一九五)三月、頼朝南都東南院に入る。将軍御車の次ぎに大内惟義、源頼兼、足利義兼、山名義範、村上経業、大江広元、三浦義澄、次ぎに毛呂季光。

⑲建久六年五月、天王寺詣。御車。御後水干。源頼兼、堀川頼房、大内惟義、足利義兼、山名義範、中原親能、続いて毛呂季光。

　まだまだ序列が記された史料はあるが、この七項目の記事で季光の位置を確認してみよう。季光の順位は概ね七番手か八番手、さすがに幕府の体制が整えられてくると頼朝鎌倉入り直後のような訳にはいかなかった。それでも北條時政・義時父子や三浦氏・千葉氏などは季光の後塵を拝する位置にとどめられることが多かった。パレードで頼朝に従う時、季光は他の御家人たちが甲冑で身をかためているのに対して頼朝や源氏一門と同じ布衣や水干を着している。まさに鎌倉武士の中で別格である。

　一昨年は「鎌倉殿の13人」という奇妙なタイトルの大河ドラマが放映されたが、季光はこれら十三人のはるか上をいく鎌倉武士であった。季光は鎌倉殿のナンバー8であったと言っても過言ではないであろう。

　毛呂季光の他の鎌倉御家人に対する優位性は、パレードにおける順位や布衣・水干の供奉といったものだけにとどまらない。②の頼朝の御分国の一つである豊後国の国司に推挙されたのも特筆すべきことである。これは源氏以外では季光ただ一人であった（文治二年〈一一八六〉二月二日）。また隋兵記に殿の字を加えられたり（建久元年九月）⑦、（永福寺新造薬師堂供養では布

鎌倉への道・鎌倉街道旧景（毛呂山町）
〔日本歴史展望第四巻『鎌倉武士の御恩と奉公』【旺文社 1981 年 6 月発行】より転載〕

施取を勤めている（建久五年十二月）⑬。

ところで、季光は鎌倉に常駐しなかったらしい。時折鎌倉に上り、盃酒を献上するするような存在であった。「昨日武蔵国より参上すと云々」とある③。頼朝の愛情が感じられる。毛呂が鎌倉街道上の重要な拠点であったことは間違いない。普段は毛呂の屋敷にいて『いざ鎌倉』という時、真っ先に馳せ参じたのである。建久二年三月の鎌倉大火で「最前に馳せ参」じたのは相模の渋谷庄司（重国）と武蔵の毛呂豊後守（季光）であった⑨。もっとも渋谷氏の本拠地は、今の行政区で言えば藤沢市である。用意ドンでは季光は競争にならない。最前に本拠地を発し鎌倉に向かったのが季光である。「いざ鎌倉」の言葉はよく使われるが、実際それを実行した鎌倉武士を他にしらない（北條時頼と佐野常世の謡曲「鉢木」の話は有名だが）。

また、⑭建久六年（一一九五）正月の中条家長と季光の喧嘩の話は有名である。細川重男氏はその著『頼朝の武士団』（朝日新書）の中で「ケンカもあります」として取り上げている。「すでに合戦に及ばんと欲するの間、両方の縁者等馳せ集ま」ったという。毛呂季光には、こうした荒々しい一面もあったのである。

季光の職制を文官・文士のように捉える研究者も多いが、れっきとした戦う武蔵武士であったのである。頼朝が何時も手元に置いて、戦わせなかっただけである。

〔初出〕『あゆみ』（毛呂山郷土史研究会報）第四十八号（令和六年〔二〇二四〕四月）

(二) 季光公之碑

【書き下し文】

(表)

毛呂郷藤原季光城址の碑

余少き時東鑑を読み、其の梗概を記す。然れども武臣の名に到りては則ち著名の者の外多く半ば之を忘る。武蔵国入間郡毛呂郷に藤原季光の城址あり。其の境山高く水長し。実に勝地たり。而して人物淳厚にして今尚古を慕う。是故に少長相議し一碑を樹て以て季光の事を表せんと欲し、来りて余に文を請う。余重ねて東鑑を検べ、以て敍を為る。曰く、季光は大職冠鎌足の遠裔たり。考諱は季清、妣は平氏盛実の女、周防前たり。世世居める毛呂郷を司る。季光幼きとき毛呂太郎と称す。文治建久の間幕府に奉仕す。幕府豊後の国司に任ず。然れども其の国に赴かず。常に大樹の左右に侍す。季光頗る文字を解す。大樹に扈従して屡功有り。大樹之を寵す。水干衣を賜う。特に源氏に比う。史官其の名を録するに必ず殿の字を加え、以て之を崇奉すと云う。大樹世を厭うに至り、季光職を辞して毛呂に帰り、以て余生を養う。建永元年丙寅八月十八日家に没す。季光師岡氏を娶り、一男を生む。是を太郎季綱と曰う。十六世土佐守秋重に至り小田原北条氏に属し、天正十八年六月を以て八王子城に於て戦死す。其の子長吉、季純等徳川幕府の徴を蒙り其の後辞して帰り去る。蓋し季光より此に至るまで四百有余年を経たり。余謂うに鎌府の臣干戈の功豈其の人に乏しからんや。然れども大樹薨後竟に退くを知らず。故に讒口にかかりて其の身を完うするを得ず。豈憾なからんや。季光は足るを知り分に安んじ、決然其の郷に帰る。之を数百人中に求めて得易からざる者なり。其の節義今日に彰彰たる。良に以有るなり。余又銘を為りて曰く。

入間の地は　峯青く澗翠なり　曾て偉人を産す　文完く武備わる　倚伏機を見る儕類に超出せり　帰去来を成りし　古哲の比　数百年余　士庶追思し　績を貞珉に　付し　以て勒誌せしむ

顧みて諸豪を憶うに　皆讒累を負う　当に此の人の　長く　幽致を占むるに　愧ずべし

明治十五年壬午秋九月　　東京枕山大沼厚撰并書

印　印

村田太助刻石

（裏）

発起　若州小浜西津村　山田吉令

武州入間郡大谷木村　大谷木季利

補助　上総国周准郡大山野村　山田喜宗治

同　東京　大谷木忠勝

同　東京　　　　　　　　大谷木備一郎

【大意】

毛呂郷藤原季光城址の碑

私は若い時鎌倉幕府編纂の史書『東鑑』を読んだから、そのあらましは記憶している。しかし、武将の名は著名の者以外は大部分忘れてしまった。武蔵の国入間郡毛呂郷に藤原季光の城址がある。その土地は山が高く水が多く、実に景勝の地である。そして人物は純朴で人情に厚く、今でも昔の人を慕っている。それゆえ、若い者と長老が相談して一基の碑を建て、季光の事績を表そうと、私の家に来て碑文を請われた。そこで私は再び『東鑑』を詳しく読んでこの文を作った。その文は次の通りである。季光は大職冠藤原鎌足の遠孫である。亡父の名は季清といい、亡母は平盛実の娘で周防前という。先祖代々居住している毛呂郷を治めていた。季光は幼年の頃は毛呂太郎と称した。頼朝が鎌倉に幕府を開いた文治・建久の頃幕府に仕えた。幕府は季光を九州の豊後の国司に任命した。しかし、その国に赴任しないで将軍頼朝の側近に仕えていた。季光は武人でありながらまれに見る学者で、そのため将軍のお供をして度々功があった。頼朝は季光を可愛がって水干衣という狩衣を与えた。これは源氏と同じような待遇である。将軍幕府の史官が季光の名を文書に記す時は必ず殿の字を書き加えて尊敬したほどである。将軍頼朝が世を去ると、季光は職を辞して毛呂に帰り、余生を養った。建永元年（一二〇六）丙寅八月十八日家で没した。季光は師岡家の娘を妻とし、一人の男の子を生んだ、これを太郎季綱という。十六世の孫土佐守秋重は小田原北条氏に仕えていたが、天正十八年六月八王子城で戦死した。その子長吉、季純等は徳川幕府に召されて一旦仕えたが、また辞して毛呂に帰った。思えば季光よりここに至るまで実に四百有余年を経過している。私が思うに鎌倉幕府の家臣で戦陣の功労者は多い。しかし、頼朝が薨じて後、退くことを知らなかった。それゆえ讒言されて殺されたものが多かった。なんとも残念なことではないか。季光はかつての光栄に満足し、決然としてその故郷に帰った。これは数百人の中にも得難い人物というべきである。その節義が今日まで輝いているというのも誠に理由があるのである。私は又次のような銘を作った。

入間の地は、峰が青々として、谷川も緑に映えている。かつて偉人を産み、文武を兼ね備えていた。禍福をよく知り同じく幕府に仕えていたものに比べずば抜けている。帰去来の辞を詠んで故郷に帰った古の哲人（陶淵明）に比肩しうるものである。季光没後数百年、郷土の人々が追慕して、その功績を石碑に刻み、書きとめて後世に伝えることになった。顧みれば鎌倉幕府に仕えた豪傑達は、皆讒言されて殺された。彼らは季光が長く静かに余生を送ったことに対し愧ずかしく思うべきである。

〔語注〕大樹―大樹将軍の略。ここでは源頼朝を指す。
銘―漢文の文体の一つ。墓碑などに刻んで、その人の功績をたたえ後世に残す文。毎句の字数を同じくし、韻を踏む。

【「季光之碑」関係者略歴】

〔撰文并に書〕枕山大沼厚―幕末・明治期の漢詩人。江戸の人。梁川星巌の玉池吟社に参加、下谷吟社を開く。詩集に『枕山絶句鈔』『枕山詩鈔』などがある（一八一八～一八九一）。
村田太助―明治期の石工。他に町内では「平山家々訓」の碑（明治三十九年四月）を刻む。
〔発起〕山田吉令―山田九大夫吉令《よしのり》。若狭小浜西津村の人。小浜藩酒井家藩士。書物奉行。幕末・明治期、遠祖毛呂氏ゆかりの地を何度も訪れ、多くの史料を収集記録した。小浜市立図書館所蔵酒井家文庫、山田吉令筆記参照。代表的な著作に「毛呂山田系譜」（長栄寺蔵）がある。
大谷木季利―武州入間郡大谷木村の人。幼名皆助、恭助。同村年寄。医師。現大谷木修家の幕末・明治期の当主。「季光公之碑」建立に自家の土地を提供した。
〔補助〕山田喜宗治―上総国周准郡大山野村（現千葉県君津市）の人。山田吉令の一族と思われる。
大谷木忠勝―東京府の人。旗本大谷木藤左衛門家の幕末期の当主か。
大谷木備一郎―東京府本町一丁目（現日本橋）の人。代言人（弁護士）。衆議院議員。第一回総選

挙に東京七区（神田）から出馬して当選。法学博士。東京法学院（現中央大学）等の講師を勤める。旗本大谷木吉之丞家の明治期当主か。

（概説）

「季光公之碑」は鎌倉御家人毛呂季光研究の原点であり、その第一歩を記す貴重なモニュメントである。撰文と書が漢詩文の大家大沼枕山であることも特筆すべきことである。

〔初出〕毛呂山町歴史民俗資料館特別展示図録「毛呂季光の活躍と末裔たち」（平成二七年〔二〇一五〕三月十五日）

季光公の碑（大谷木）

(三)泉八郎は毛呂季光の弟か

毛呂季綱が勧賞として泉(現滑川町和泉)、勝田(現嵐山町)を蒙る建久四年以前、『吾妻鏡』には季光と行動を共にする「泉　八郎」なる人物が登場してくる。特に建久元年九月二十九日の条は、頼朝の家子や「豊後守(季光)」と共に随兵記に殿の字を加えられたというのである。まさに鎌倉御家人の中で季光同様特別待遇されたわけである。

建久元年(一一九〇)九月
二十九日　庚辰　随兵の記の内、家子ならびに豊後守・泉八郎等においては、殿の字を加へらる。
同年十一月七日　丁巳(頼朝入洛す。後陣の隋兵の十三番に泉八郎・豊後守・曽弥太郎とある)

また最初の上洛を伝える同年十一月七日の条にも二人は名を連ねている。『吾妻鏡』以外でも建治元年(一二七五)の「六条八幡宮造営用途注文写」に二人並んで記載されている。

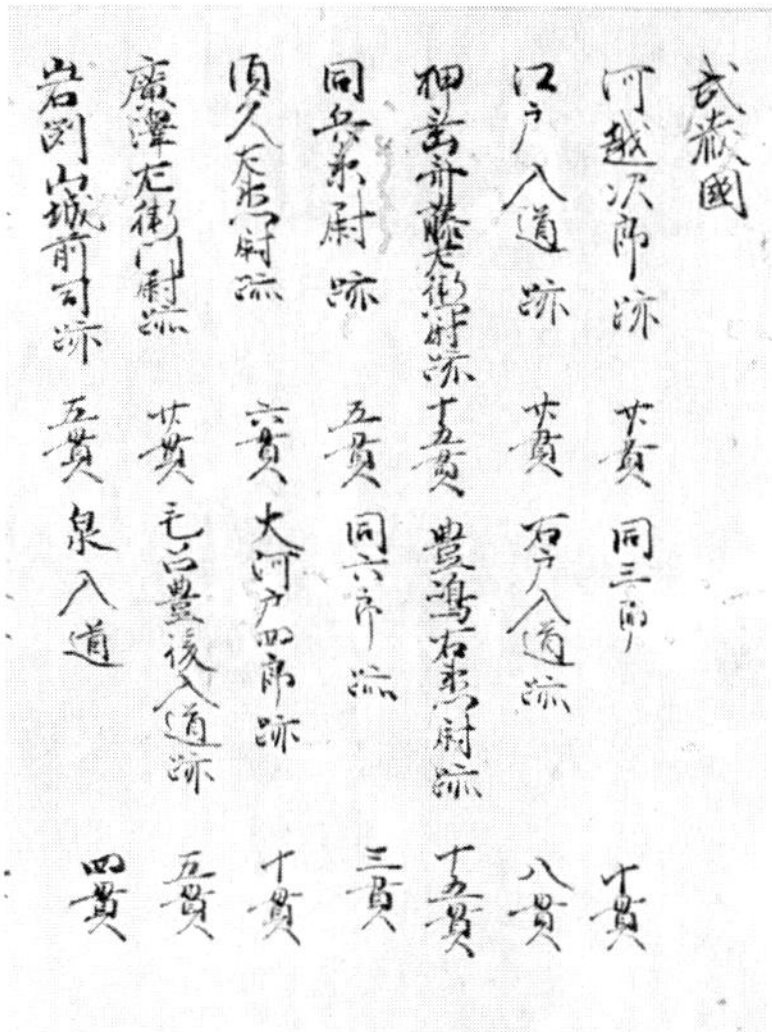
武蔵国
河越次郎跡　廿貫　同三郎　十貫
江戸入道跡　廿貫　石戸入道跡　八貫
押垂斎藤左衛門尉跡　十五貫　豊嶋右衛門尉跡　十貫
同兵衛尉跡　五貫　同六郎跡　三貫
須久左衛門尉跡　六貫　大河戸四郎跡　十貫
廣澤左衛門尉跡　廿貫　毛呂豊後入道跡　五貫
岩岡山城前司跡　五貫　泉入道　四貫

六条八幡新宮造営用途注文写（部分）
（国立歴史博物館所蔵）

毛呂豊後入道跡　　五貫
泉入道　　　　　　四貫

泉八郎は毛呂季光の一族、想像を逞しくすれば季光の弟と考えてもよいのではなかろうか。泉八郎は承久の乱では宇治橋合戦で二人の敵を討っている。

承久三年（一二二一）六月
六月十四日宇治合戦に敵を討つ人々。
泉八郎二人。同次郎三人。☆注、「同次郎」は季綱か。

一方、滑川町和泉の泉福寺には毛呂氏の先祖小野宮藤原実頼の諡「清慎公」を願文に刻んだ板碑が現存し、毛呂季綱やその子孫が同地で活躍したらしいことは前にも述べた。『尊卑分脈』に季光に兄弟がいた記述は無いが、太郎季光と八郎は保元の乱を契機に一緒に毛呂郷に来住したのではあるまいか。

ところで、毛呂山町には町立泉野小学校がある。校名は校地が小字「泉」にあるところからきている。学校の東には金刀比羅宮の小社が祀られ、寛文（江戸前期）の検地帳に小字「いづみ」を載せる古い地名である。小野宮家の血を引く藤原太郎季光が毛呂郷の中心、現在の毛呂本郷に居住して毛呂氏を名字とし、弟八郎は毛呂郷の北辺、毛呂川と越辺川の合流する右岸台地の泉を居住の地とし、泉氏を名字としたものと考えられる。近隣の例をあげれば、越生氏と黒岩氏の関係に近いものであろう。いずれにせよ、毛呂太郎藤原季光と泉八郎は同族とみるのが自然のように思われる。

おわりに興味深い伝承を紹介しておきたい。『あゆみ』第十六号（毛呂山郷土史研究会報）に発表された「毛呂山の地方信仰あれこれ」（岡野恵二氏稿）の「沢田の太子堂」である。この太子堂は、先の泉に接する字芝の地にある。堂内に昭和五年三月の堀込村芝小川伊重郎等による棟札が現存する。銘文は次のごとくである。

人皇三十二代用明天皇拾七代毛呂殿二男小川左馬之輔春国　御先祖太子者建久三乙未開園
也次寛文四年甲辰造立次天明元辛戌十一月宮殿改
時天保九戊戌年大吉辰日造立也
注、建久三年の干支は壬子が正しい。

自光寺跡に残る芝の五輪塔
奥の建物は太子堂

自家（一族）の家格を誇りたい気持ちを差し引いても、建久三年に「毛呂殿二男」が聖徳太子をお祀りしたという伝承はあまりに興味深いものがある。

太子堂の脇には小川沢（毛呂山町全図）と呼ばれる小川が流れている。下流には毛呂氏と縁ふかい流鏑馬祭りでおなじみの重殿淵があり、この小流の上流をたどると毛呂顕季陣屋跡（堀の内・山根城）の堀や「みたらせ池」に繋がっている。そして太子堂の対岸には、『毛呂山町　神社と寺院』（小川喜内氏著）によれば鎌倉初期の創立との口碑を持つ自光寺跡があって鎌倉期の五輪塔一基（注1）と稲荷の小祠が残っている。太子堂も自光寺の一部という（『新編武蔵風土記稿』）。また小川氏が引く清水吸古編『地方遺跡考』によれば、付近は「一見館阯の如し」であるという。あるいは泉八郎の館跡の可能性があろうか。今後のの究明を待ちたい。

注1、木曽義仲の右筆、大夫坊覚明の墓との伝承もある（小川喜内氏談他）

〔初出〕『あゆみ』第三十九号「鎌倉時代の毛呂氏」（平成二七年〔二〇一五〕三月三一日）

（四）毛呂五郎入道蓮光

一、はじめに

今まで毛呂五郎入道蓮光について、大きく論じたものは、寡聞にしてこれを知らない。わずかに塩澤寛樹著『鎌倉大仏の謎』（吉川弘文館・歴史文化ライブラリー２９５）くらいであろうか。なにしろ蓮光が『吾妻鏡』に登場するのは、ただ一ケ所、しかも内容が預かっていた狼藉者を逃がしてしまった罪により罰金を科せられたという不名誉なものであるので、致し方ないのかもしれない。しかし、毛呂季光没後の鎌倉時代の毛呂氏の動向を知る上で、極めて貴重な史料であることは言うまでもない。

はじめに、蓮光について記した『吾妻鏡』の仁治二年（一二四一）四月二十九日の条の原文と書き下し文・現代語訳を引用してみよう。

『吾妻鏡』（第卅四）

○廿九日丁亥。囚人逐電事。預人罪科不軽。召過怠料。可被寄進新大仏殿造営之由。為清左衛門尉満定奉行。今日有議定。新田太郎政義分三千疋。毛呂五郎入道蓮光（預召人紀伊国三上庄狼藉人政所二郎高氏。）分五千疋。各来八月中。可令弁償云々。是為孫子深利五郎為経咎之由蓮光雖訴申。被尋下之。蓮光猶不遁之云々。（『新訂・増補　國史大系』第三、吉川弘文館）

▽廿九日　丁亥　囚人逐電の事、預り人の罪科軽からず。過怠料を召し、新大仏殿の造営に寄進せらるべきの由、清左衛門尉満定を奉行として、今日議定あり。新田太郎政義が分三千疋、毛呂五郎入道蓮光（紀伊国三上庄の狼藉人政所二郎高氏を預かる。）が分五千疋、おのおの来八月中に弁償せしむべしと云々。これ孫子深利五郎為経が咎たるの由、蓮光訴へ申すといへども、これを尋ね下され、蓮光なほこれを遁れざるがごとしと云々。（『全譯　吾妻鏡』第四巻・新人物往来社）

▽二十九日、丁亥。囚人の逃亡について、（身柄を）預かった者の罪は重く、過怠料を徴収して新大仏殿の造営に寄進するよう、清左衛門尉（清原）満定を奉行として、今日、議定が行われた。新田太郎政義の分三千疋と毛呂五郎入道蓮光〔召人の紀伊国三上庄の狼藉人である政所次郎高氏を預かっていた〕の分五千疋を、それぞれ来る八月中に納めるようにという。これは孫である深利五郎為経の咎であると蓮光が訴えたが、これを調査され、蓮光はやはり免れることはでき

なかったという。（『現代語訳吾妻鏡』⑪将軍と執権・吉川弘文館『』）

二、毛呂五郎入道蓮光は、毛呂季光の子か孫か

蓮光と季光の関係を決定ずけることは、なかなか難しい。しかし、ヒントが全く無いわけではない。それは、蓮光とともに過怠料三千疋を科せられた新田太郎政義の存在である。政義は新田氏の直系で、元弘の変で有名な新田義貞の高祖父にあたる。そして何より『吾妻鏡』に毛呂季光としばしば一緒に登場する新田蔵人義兼の孫なのである。このことから考えて蓮光は、季光の孫世代となるのである。

しかし、気掛かりが無いでもない。それは蓮光の通称が五郎で仁治二年の段階で成人した外孫深利五郎為経がいたことである。この年、蓮光は相当な年齢であったと考えられ、季光の末子、季綱の末弟であった可能性も捨てきれないのである。

三、頼朝没後の毛呂氏

源頼朝没後二代将軍頼家さらに北条政権下になると、毛呂氏の存在は、まことに影が薄い。『吾妻鏡』は建久七年（一一九六）正月より同十年正月まで欠巻がある。この空白の三年一カ月の中には、頼朝の死も含まれるが、あるいは季光もこの間没した可能性もある(1)。いずれに

せよ、建久六年十月を最後に毛呂季光は、史書から姿を消すのである。そして、わずかに建久十年（正治元年）十月と正治二年（一二〇〇）二月に、それぞれ毛呂季綱と同人と考えられる「諸二郎季綱」「泉次郎季綱」の名を見いだすにすぎない。そして、先の蓮光の記事に続くのである。

ここで一考を要するのは、毛呂蓮光と共に罪に問われた人物が新田政義であることである。新田氏は八幡太郎源義家の子義国流の嫡系である。同流の足利氏が、執権北条氏と結び付きを強め北条政権下で重要ポストを占めたのに比して、新田氏はこの事件以降鎌倉時代を通じて冷や飯を食わされ続けた。毛呂氏にしても、頼朝から准門葉として厚遇された家柄である。この事件が北条氏による粛清とまでは言えないとしても、結果的に両氏の力を大きく削ぐことになったのはいうまでもない。新田次郎は小説『新田義貞』のなかで次のように書いている。「第四代新田政義が京都大番役をしているとき、無断で囚人を解き放った罪によって莫大な科料を取られた。彼はこれに腹を立て、幕府に無断で出家した。それにより新田氏は失脚し、幕府内における役職から外された。所領の一部も取り上げられた」と。毛呂蓮光にしても外孫のちょっとした過失を咎められ、連座の責任を負って罰せられたのであろう。

四、毛呂蓮光と鎌倉大仏殿

毛呂氏と鎌倉大仏が極めて関係深いということを知る人は、あまりいないかも知れない。正確にいうなら『吾妻鏡』の本文の記事のように、毛呂蓮光の罰金は鎌倉の「新大仏殿」の造営費に当てられたのである。ちなみに、当初の鎌倉大仏は、木造であったという。ところで、この過怠料の五千疋は、現在の金額にするとどのくらいになるのであろうか。これを計算した人がいる。すこし長くなるが、塩澤寛樹著『鎌倉大仏の謎』を引用してみよう。

過怠料の額は、新田政義が三千疋、毛呂蓮光が五千疋、合わせて八千疋である。疋という単位は、銭十文のことで、百疋が一貫になる。八千疋は、銅銭でいえば八万枚、八十貫である。この額については、これまであまり顧みられていないが、田中浩司氏の試算では一貫はおおよそ十五万六千円くらいになるという（「日本中世における銭の社会的機能をめぐって」熊ケ谷出土銭調査会・町田市教育委員会編『熊ケ谷出土銭調査報告書』一九九六）。これをあてはめると、二人のこの時の寄付額はそれぞれ新田政義が四百六十八万円、毛呂蓮光が七百八十万円、合計で千二百四十八万円となる。これはかなりの高額といえ、この点は注目されてよいだろう。本来幕府に入れるべき収入を、大仏に寄進したのであるから、幕府の支援は明らかであるが、臨時的寄進とはいえ、その額は大きく、幕府関与の度合いの深さを示唆する。

塩澤氏は、鎌倉大仏造立主体が幕府（北条氏）であったと論を展開されておられるが、毛呂蓮光の罰金七百八十万円は、たしかに高額である。勧進やその他の収入を含め全建立費のどれくらいの割合を占めるのであろうか。

それにしても、北条政権下、毛呂氏は政治の表舞台には全く立てなかったものの、蓮光のこの時代まだまだ毛呂氏の経済力は決して衰えていなかったのである。

この事件からさらに三十四年後の健治元年（一二七五）、京都六条八幡宮修理のために御家人達が負担した金額の名簿「六条八幡宮造営用途注文写」には、「毛呂豊後入道跡五貫」とある。罰金と純然な寄付とは性格が異なるが、河越氏や江戸氏が二十貫寄進しているのに比して、やはり毛呂氏の勢力は、かなり衰えたと言わざるをえないだろう。

この後、元弘三年（一三三三）五月、丹後の木津城で討幕軍の熊谷氏と戦った毛呂弥八郎（「熊谷直久軍忠状」『熊谷家文書』）まで五十七年間、毛呂氏は史料に登場しない。

五、高福寺の木造阿弥陀如来坐像

毛呂山町滝ノ入高福寺の県指定「木造阿弥陀如来坐像」は、鎌倉時代慶派の作風を示す作品と言われる。この仏像は客仏で、本来は高福寺の北西に接して存在した行庵寺（行阿寺）の本尊であったと伝えられている。そして、この寺の開基は毛呂氏であり、この仏像を鎌倉の仏師に注文したのも毛呂氏の誰かであろうと言われている(2)。ところで、前掲書『鎌倉大仏の謎』によれば、「埼玉・高福寺阿弥陀如来坐像など一二三〇年代前後の諸像」として、その製作年代をかなり絞り込んでいる。この塩澤氏の説が正しいとすれば、この時代に活躍していた毛呂氏は、五郎入道蓮光〔仁治二年・一二四一生存確実〕ということになる。したがって、高福寺阿弥陀如来坐像を鎌倉運慶派の仏師に注文し、行庵寺を開基した人物は、蓮光の可能性が極めて高いと言わざるをえない。不思議なことに、露座の大仏として親しまれている現在の鎌倉大仏〔国宝「銅造阿弥陀如来坐像」〕と高福寺の阿弥陀如来坐像は、どこか雰囲気に共通するものがあるのである。

このように、『吾妻鏡』に登場することわずか一回ながら、毛呂五郎入道蓮光という人物は、様々な魅力に満ち溢れているのである。

注（1）、『毛呂山田系譜』（長栄寺蔵）では、毛呂季光の没年を、建永元年（一二〇六）とする。

注（2）、『新毛呂山町史』他。

〔初出〕『あゆみ』第三八号「毛呂五郎入道蓮光」〔平成二六年〔二〇一四〕三月三一日〕

高福寺山門（滝ノ入）

高福寺阿弥陀如来坐像（高福寺蔵）

（五）丹後木津庄毛呂弥八郎

鎌倉時代多くの武蔵（東国）武士は、全国に広く新しい所領を獲得していった。その契機となったのは治承・寿永の内乱、奥州合戦、承久の乱であった。また比企氏の乱、畠山氏の乱、和田合戦、宝治合戦、霜月騒動なども大きく関わっていると考えられる。

毛呂郷を本領とする毛呂氏も、いずれかの合戦を契機として、新恩地に丹後国木津庄を与えられたようである。しかし、毛呂氏直系は本領を離れることなく一族を派遣したものと思われる。鎌倉末期、元弘の乱（一三三一～三三）に鎌倉幕府方として戦った毛呂弥八郎の名が史料に登場する。「熊谷直久軍忠状」である。

熊谷小四郎直経代同太郎次郎直久申、
右、可令退治四ケ国凶徒之旨、被下　綸旨之間、彦三郎直清為大将、就被追罰所之　朝敵等、
元弘三年五月十二日、　直久相共罷向丹後国（中略）同十四日、木津庄毛呂弥八郎　破城畢、

（中略）於都合十一ケ所、或令追罰「朝」敵、或　令責落城郭畢、直清為四ケ国之大将、付
四ケ国軍勢等着到　被進之、所見分明之上者、賜御証判、可備後日亀鏡候、　恐惶謹言
元弘三年五月廿日　平（熊谷）直久状（裏花押）
御奉行所

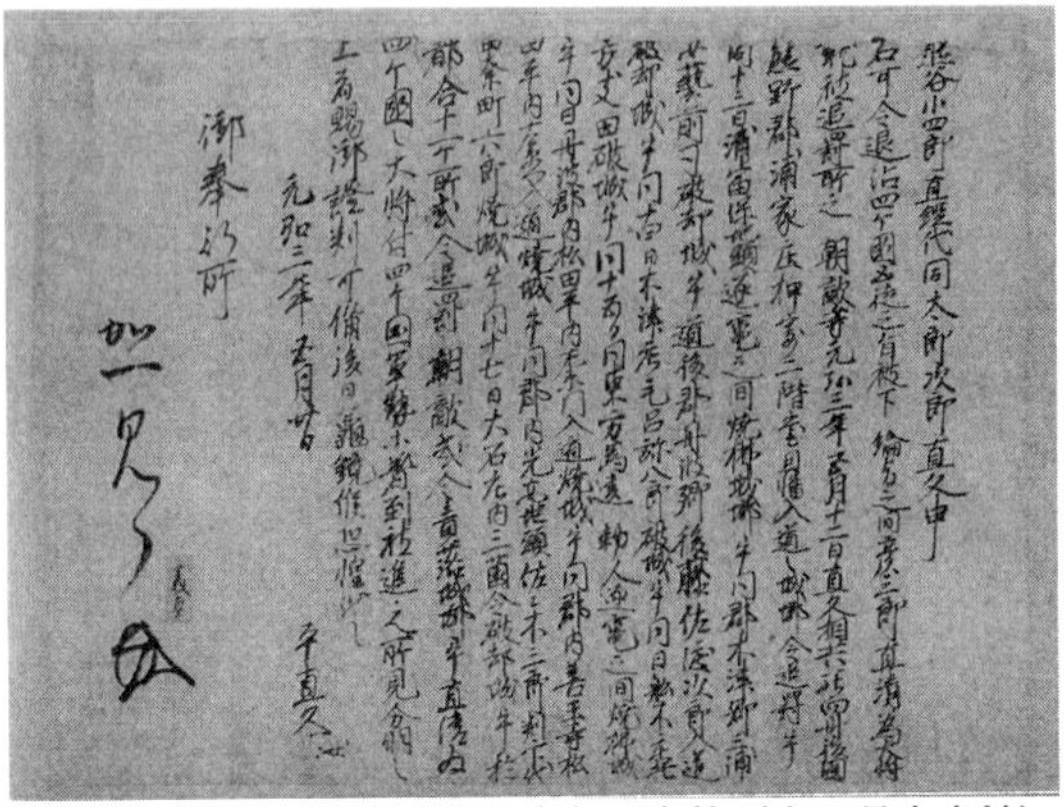
熊谷家文書　熊谷直経代同直久軍忠状（山口県文書館）

後醍醐天皇の鎌倉幕府討幕の綸旨を受けて挙兵した熊谷直清に従った直経の代官直久は、木津庄毛呂弥八郎の城郭ほか合せて十一ケ所を攻め落とした軍忠を列挙している。

この文書から、毛呂氏は北条執権政治下に木津庄を獲得し、鎌倉幕府の滅亡に殉じたことが推察できるであろう。

しかし、毛呂弥八郎の子孫達は、その後も木津庄周辺の村々にその血脈を存続させ今日に至っている。比較的古い史料に『丹後国御檀家帳』がある。伊勢御師《おんし》が檀家名を記載した手控えで、天文七年（一五三八）の年紀を付す。中に伊勢講に参加した三人の毛呂氏の信者を見いだすことができる。

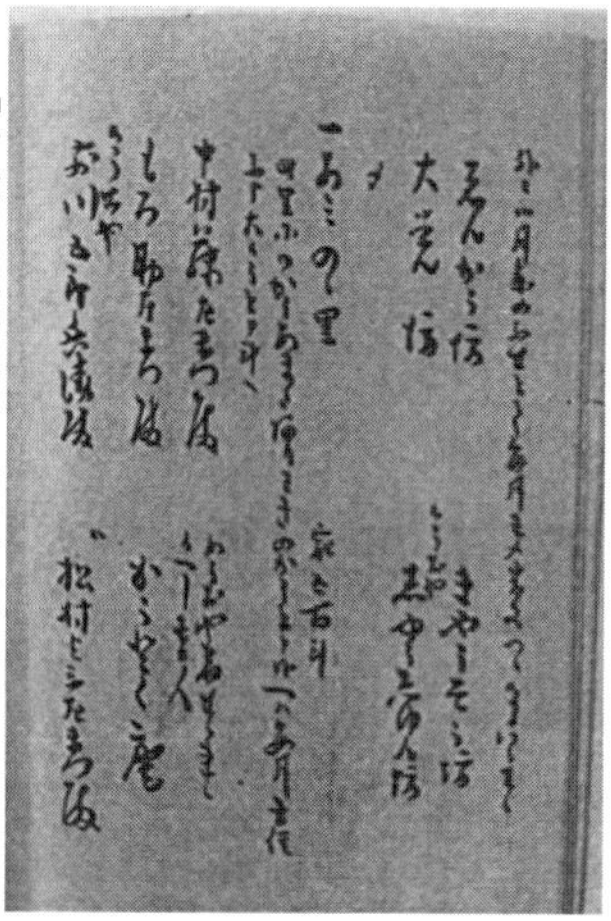

『丹後国御檀家帳』（京丹後市資料編より）「あミのゝ里」（もろ助左衛門）の部分

木津城跡遠景（京丹後市／毛呂敏弘氏提供）

かうへにて　　毛呂孫左衛門殿
あミのゝ里　　もろ助左衛門殿
くみのはま　　毛呂与三右衛門殿

「くみのはま」は久美浜、「かうへ」は河辺であろうか。「あミのゝ里」現京丹後市網野町には、今も毛呂敏弘氏がお住まいである。このほか御檀家帳に見える「さとはミ」（里波見）は、「家五拾斗」とあって「かうをや」（講親）以外は名前のみであるが、平成の現在も毛呂姓の方が何軒も居住されているところである。近くに里波見城もあるという。また、「くろべの里」（黒部）は、逗子市市会議員の毛呂武史氏のご先祖の出身地だそうである。

なにより、『丹後国御檀家帳』の筆写（大正拾年三月）者の一人で、京丹後市峯山の金刀毘羅神社宮司、与謝野町男山の板列《いたなみ》八幡神社宮司であった毛呂清春氏（明治一〇〜昭和四二）の家は、武蔵国毛呂村より来住したという伝承がのこされているということである。

少し離れて兵庫県美方郡新温泉町には八軒（内新市地区六軒）の毛呂姓の家があるということである。毛呂家の一番古い墓は、慶長年間頃のもので「毛呂河内守」といい、関ケ原の合戦後新市に住み着いたといわれている。

《参考文献》

『熊谷市史』（資料編2　古代・中世）
『京丹後市史資料編　丹後国御檀家帳』

付記、毛呂敏弘氏、毛呂武史氏、白数真也氏、川夏晴夫氏には大変お世話になりました。記して感謝申し上げます。

〔初出〕『あゆみ』第三九号「鎌倉時代の毛呂氏」（平成二七年〔二〇一五〕三月三一日）

第二章　室町時代の毛呂氏

(一)南北朝期に戦った毛呂八郎

元弘三年(一三三三)鎌倉幕府を打倒した後醍醐天皇は天皇親政いわゆる建武の新政を開始するが、早くも建武三年(一三三六)には足利尊氏によって京都を追われ吉野に逃れた(南朝)。尊氏は持明院統から光明天皇を即位させた(北朝)。南北朝の始まりである。中央の対立は地方にも及び全国各地で南朝側の武士と北朝側の武士が激しく戦った。この期の毛呂氏に毛呂八郎がいる。毛呂八郎は足利幕府軍の指揮官である高師冬の北朝側に与し、北関東の南朝方の武士と戦っている。毛呂八郎が加わっていたとみられる白旗一揆の盟主別符幸実の康永三年(一三四四)二月の軍忠状を見てみよう。

一、八月十二日合戦仕、同九月十二日、致夜討合戦候了、毛呂八郎見知畢、

この八月と九月は康永元年(一三四二)のことで別符幸実と行動を共にした毛呂八郎が幸実の戦功を見知(証明)したものである。別符幸実は、もちろん自身の軍功を高師冬に認めさせ

たいわけである。毛呂八郎の名前はここだけだが、この文書の内容から別符幸実は暦応四年（一三四一）から高師冬に従って常陸国各地を転戦していたことが分かる。南朝側の常南の拠点小田氏が守る小田城（現茨城県つくば市）などである。毛呂八郎も恐らく行動を共にしていたであろう。共に戦ったメンバーに浅羽氏がいることから毛呂八郎は毛呂郷の毛呂氏に間違いない。

余談ながら小田氏は八田知家の子孫とされる。頼朝の時代、八田知家と言えば毛呂季光が喧嘩をした相手中条家長の養父である。因縁と言えば因縁である。

小田城跡（茨城県つくば市）

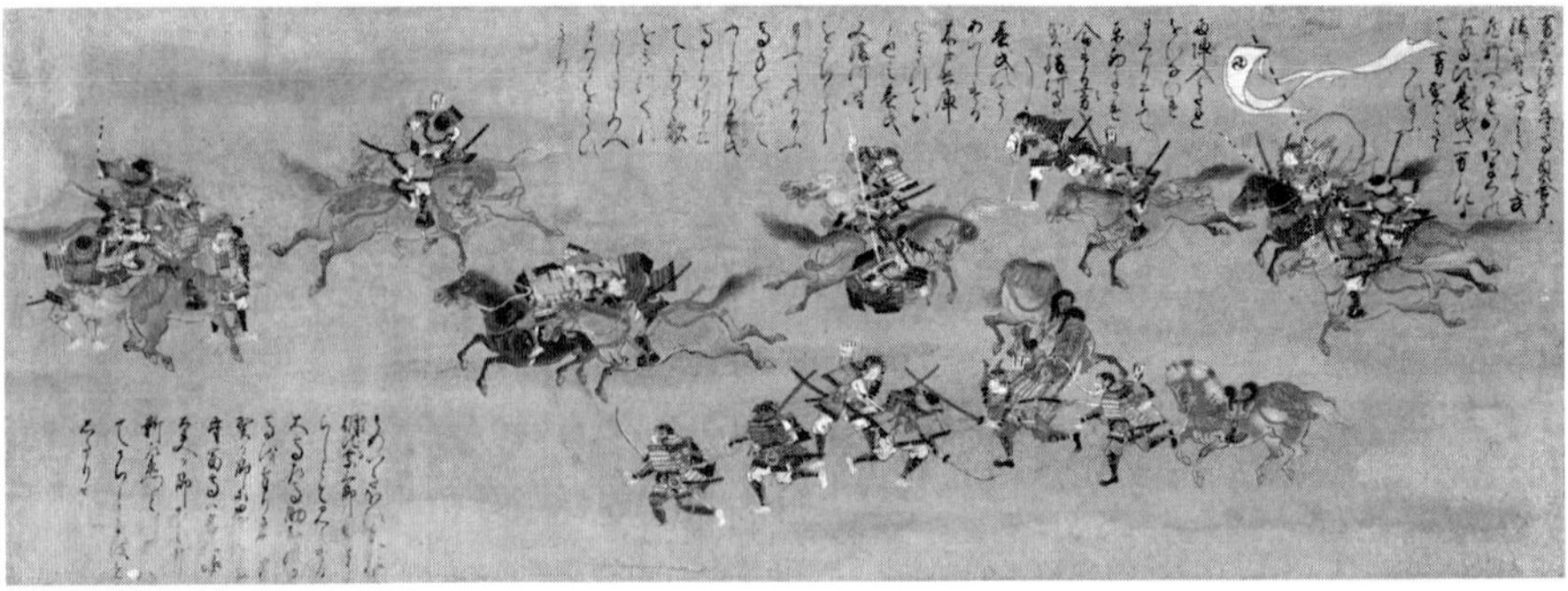

苦林野合戦が描かれる太平記絵巻（「太平記絵詞」下巻／国立歴史民俗博物館所蔵）
「芳賀伊賀守高貞、舎弟駿河守、八百よきにて武蔵野へかけ出る」で始まる。馬を斬られて徒歩で戦う基氏、馬より落ちざまさし違えて討ち死にする金井新左衛門などが描かれている。

(二)苦林野の合戦

南北朝時代の貞治二年（一三六三）六月十七日に鎌倉街道苦林宿周辺で行われた苦林野合戦は、毛呂山町を舞台とした戦乱では最も大きな戦いであった。

この年、鎌倉公方（鎌倉府の長官）足利基氏は、その補佐役である関東管領に畠山国清に代わって上杉憲顕を用い、上杉氏は越後守護職も与えられた。当時越後守護であった下野国の芳賀禅可（高名）は、これに反抗し、一族の宇都宮氏綱と計り、憲顕が鎌倉へ出仕する途中を襲撃しようとした。この不穏な動きを知った基氏は、芳賀氏を討伐するため鎌倉街道を北上し、苦林野に布陣した。これに対し、芳賀禅可は嫡子高貞と次男高家に八百騎を授けて武蔵野に出撃させた。両軍は苦林野と岩殿山付近で激しい戦闘を繰り広げた。この戦闘で芳賀高家は討死し、基氏も馬を斬られ徒歩で戦うなど苦戦したが、結局少数の芳賀軍が敗れ、宇都宮へ退却していった。

ところで、この戦いの時、毛呂氏はどうしていたのであろうか。自分の庭先が踏み荒らされるのを黙って眺めていたとは考えられない。何の記録も残っていないが大きな手掛かりがある。

『太平記』（巻第三十九）「芳賀兵衛入道軍ノ事」に次の記事がある。

大類１号墳上に建つ苦林野古戦場碑（川角）

苦林野合戦供養塔（正面〔右〕と側面〔左〕）
この供養塔には合戦の年を貞治四年としている

「小塚の上にうち上りて鎌倉殿の御陣を見渡せば、東には白旗一揆の勢五千余騎、甲冑の光をかかやかして、明け残る夜の星のごとくに陣を張る。」

苦林野の合戦で毛呂氏は、おそらくこの「白旗一揆」に加わっていたものと考えられる。前項で述べたように毛呂八郎は白旗一揆の重要な構成員の一人だったからである。苦林野の合戦は、毛呂八郎の名が見える康永三年（一三四四）の別符幸実軍忠状写から十九年後のことであるので、この時の毛呂氏の当主はやはり毛呂八郎であった可能性が高い。

〔参考史料〕

『埼玉地方史』第55号「鎌倉、室町期における中世東国武士団の動向—別符氏と白旗一揆を中心に—」大井教寛〔二〇〇五〕

（三）越生の報恩寺に寄進する毛呂氏

室町期の毛呂氏の活躍は、毛呂左近将監の妻禅音（藤原氏）から始まる。越生町越生の法恩寺に所蔵される『報恩寺年譜』によると、禅音は応永二十年（一四一三）六月より享徳四年（一四五五）六月までの四十三年間に、計六回の寄進を行っている。内訳は最初の一回が経典で、あとは全て土地である。この内ある程度価値の分かる土地は、応永二十一年、越生主計允宏忠から代銭四貫八百文で買い取った越生郷上野村内の土地、永享元年（一四二九）と同八年には、栗坪（現越生町）の田をそれぞれ一反ずつ、享徳四年の寄進は、吾那村（現飯能市坂石・高山・北川・南川・坂元・長沢付近一帯）高麗端在家一宇田畠山林である。小領主の妻とはいえ、かなりの寄進量である。いずれにせよ尼禅音の誠に熱心な信仰心を見ることができる。また寄進した土地などから、毛呂氏と越生氏・高麗氏の縁戚関係を想像させるものがある。

尼禅音とほぼ同時期に、やはり報恩寺に田畠を寄進した人物に尼禅智がいる。これを禅音と同一人物とみる説（『毛呂山町史』）や姉妹とみる説（『日高市史』）が行われているが決め手がない。

慧倫禅門宝篋印塔（上）と
本空禅尼宝篋印塔（下）

『報恩寺年譜』には、この他沙弥聞阿という尼禅音の甥という毛呂氏に関係する人物も登場するが、夫たる毛呂左近将監その人の活躍は知ることができない。また、この期に小田谷の長栄寺墓地に、「慧倫禅門　応永二年乙亥正月　十三日逝」、毛呂本郷の妙玄寺墓地に「本空禅尼　応永二十一年二月一日」の銘文を刻む宝篋印塔を残した二人の人物についても、毛呂氏の誰かであろうと推定されるものの、その活躍は全く闇の中である。

《報恩寺年譜》

大般若経并大乗経事、報恩寺江奉寄付候、雖然修理銭三分二阿弥陀堂為修造寄進申候、三分一地蔵堂為修理、妙宣寺江可有御遺候、殊大般若事、其方御心指、金剛寺下、直被越候間、専当寺修理料タルヘク候、仍為後証寄付之状如件、

応永廿（一四一三）年癸巳六月一日　　藤原授衣名禅音　判

報恩寺栄曇僧都　　　沙弥道用　判

同廿一年（応永一四一四）甲午

毛呂左近将監入道妻藤原女、寄墾田券状文曰

依有要用売渡武蔵国入西郡越生郷上野村辻在家内自路西以前賣申候自平三郎作西并坪畠毎年徳分壱貫弐百文事、当作人吾那殿馬太郎、合代銭四貫八百文、右地者自越生山城次郎入道宏秀手宏相続所也、然彼手継案文相副、本銭返毛呂左近将監入道妻女藤原氏女売渡申処也云々、証文有別

同廿一年十一月十八日　　売主越生主計允入道　沙弥宏忠

永享元（一四二九）己酉、同八年（一四三六）丙辰五月十三日

尼禅音以粟（栗）坪田一段寄進　　禅音尼

嘉吉二年（一四四二）壬戌、以同郷上野村辻堂南之田寄進文　有別

同四月五日　　毛呂左近将監妻　禅音　判

同二年（宝徳一四五〇）庚午、沙弥聞阿以来迎院為伯母禅音尼奉寄進本尊阿弥陀如来文在別

同二年三月十六日　　沙弥聞阿　判

報恩寺

同九年、即長禄元年（一四五七）丁丑也、沙弥聞阿以来迎院并俣付之内田一段寄進文　有別

同九年十二月十二日　　沙弥聞阿　判

報恩寺

同四年（享徳一四五五）乙亥、尼禅音以吾那村高麗端在家一宇・田畠・山林、寄付于当寺阿弥陀之文　有別

同四年六月一日　　尼禅音　判

法恩寺本堂（越生町越生）

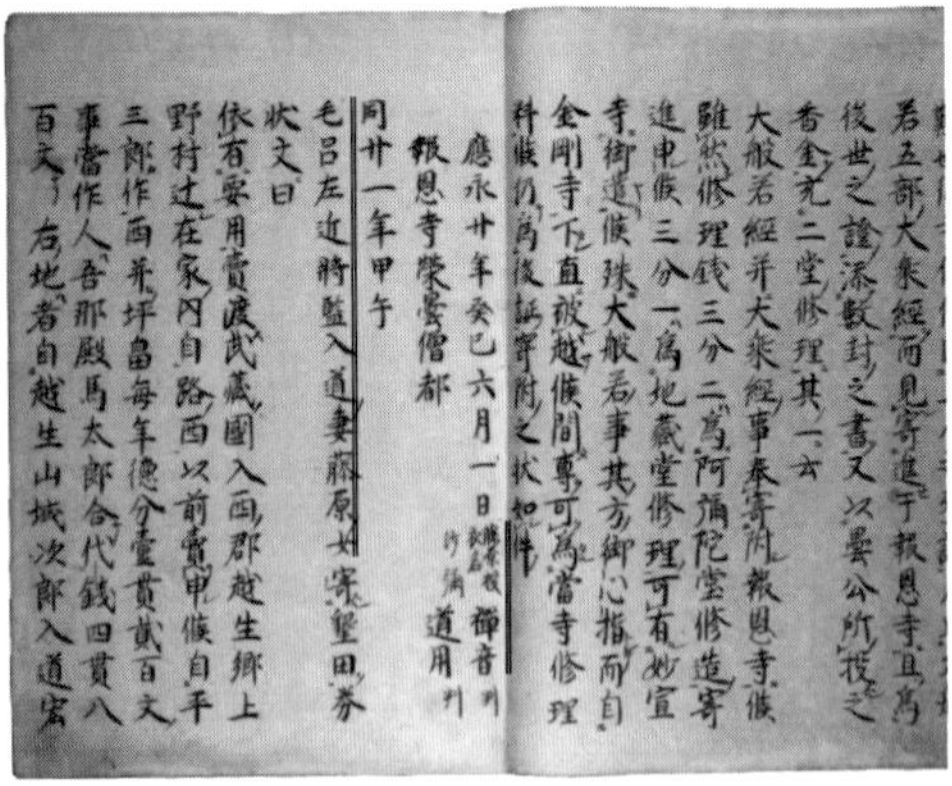

若五部大乗経、而見寄進于報恩寺、且爲
後世之證、添数封之書、又以晏公所授之
香金充二堂修理、其一云
大般若経并大乗経事、奉寄附報恩寺候、
雖然修理銭三分二、爲阿弥陀堂修造、寄
進申候、三分一、爲地蔵堂修理、可有妙宜
寺御遣候、殊大般若事、其方御心指而、自
金剛寺下直被越候間、専可爲当寺修理
料候、仍爲後証寄附之状如件
應永廿年癸巳六月一日　藤原授衣名禅音　判
沙弥道用　判
報恩寺栄雲僧都
同廿一年甲午
毛呂左近将監入道妻藤原女寄進田券
状文曰
依有要用、賣渡武蔵國入西郡越生郷上
野村辻在家内、自路西以前売申候、自平
三郎作、西并坪畠、毎年徳分壹貫弐百文
事、當作人吾那殿馬太郎、合代銭四貫八
百文、右、地者、自越生山城次郎入道宗

報恩寺年譜（法恩寺蔵）
応永 20 年（一四一三）・同 21 年、藤原授衣名禅音（毛呂左近将監入道ノ妻）が経典や土地を法恩寺へ寄進した記事が見える。

(四)毛呂三河守

室町期の毛呂氏を代表する武将は、結城合戦に登場する毛呂三河守である。結城合戦は、永享十二年（一四四〇）結城氏朝が、永享の乱で自害した鎌倉公方足利持氏の遺子春王・安王を擁立して幕府に抗した戦いである。幕府は鎌倉府の管領上杉憲実、上杉清方等を派遣して翌年にはこれを鎮圧するが、この合戦で毛呂氏は幕府側についたのである。

実質的な指揮をとっていた上杉清方は一族の庁鼻和《こばなわ》・上杉憲信（性順）に出陣を命じる。鎌倉を出発した上杉憲信は、苦林（現毛呂山町）に着陣する。この間、毛呂三河守は憲信方へ参陣したのであろう(1)。

『鎌倉大草紙』から該当する部分（村岡河原の合戦）を引いてみよう。

同（永享十二年）七月朔日、一色伊予守武州北一揆を相語らひ、利根川を馳越て、武州の須賀土佐入道が宿城へ押寄、悉く焼払ふ、須賀郎等も暫く支へて討死すと聞へければ、同三

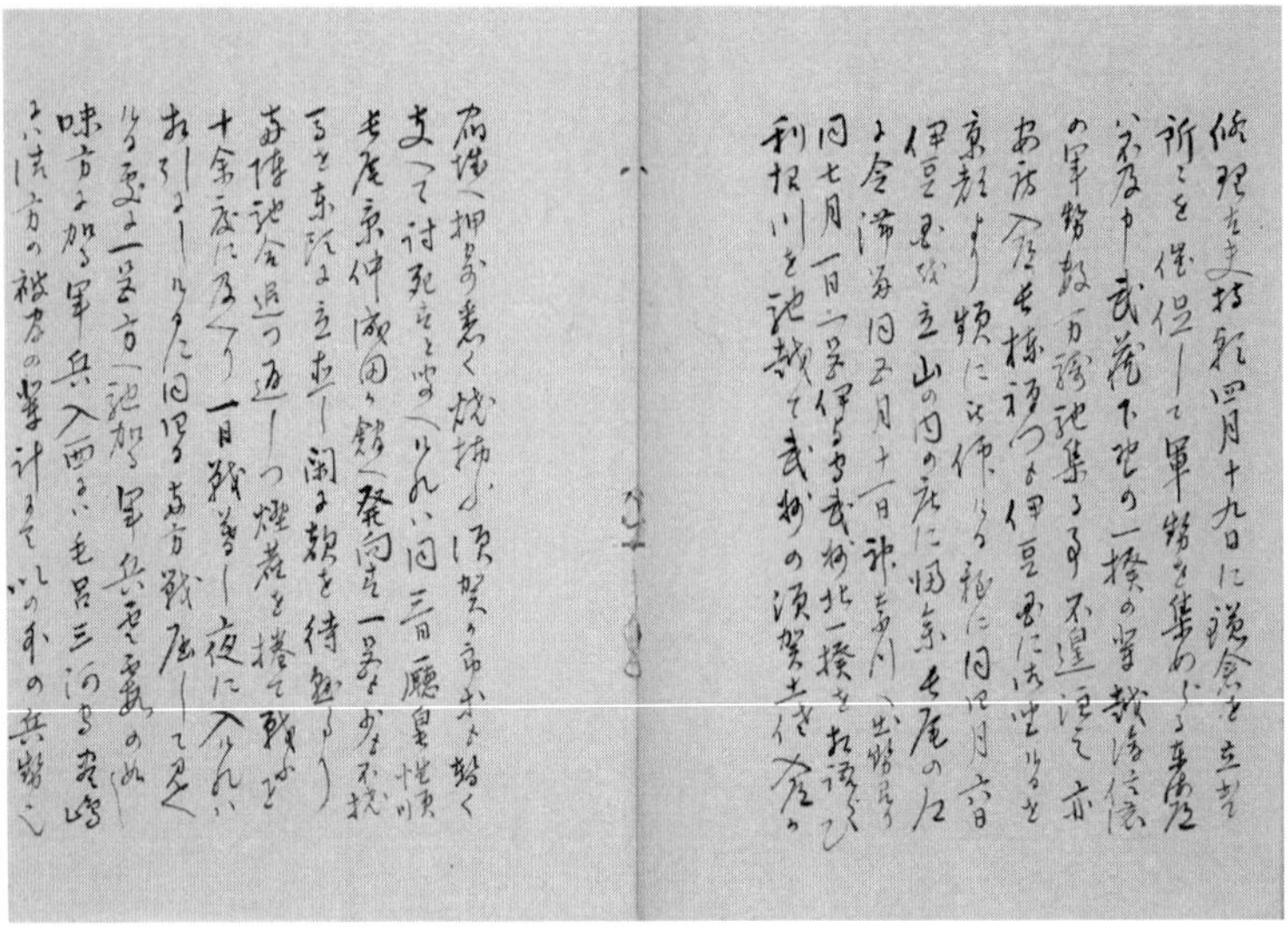

『鎌倉大草紙』永享十二年七月四日の条（国立公文書館所蔵〔内閣文庫〕）

日、庁鼻和性順（深谷上杉憲信）・長尾景仲、成田が館へ発向す、一色少も不騒、馬を東頭に立直し、閑に敵を待懸たり、両陣馳合せ、追つ返しつ、煙塵を捲て戦事、十余度に及べり、一日戦ひ暮し、夜に入ければ相引にしけるに、同四日、両方戦屈して見へける処に、一色方へ馳加る軍兵雲霞のごとし、味方に加る軍兵、入西には毛呂三河守、豊島には清方（上杉氏）の被官の輩計にて、以の外無勢なり、此勢計にて如何と、引色になる処を伊予守是を見て、すはや敵は引けるぞや、いづく迄も追かけて討とれ、者共とて、荒河を馳渡し、村岡河原に打上る、勝に乗所は実も去事なれども、手分の沙汰もなく、事の体あまりに周章して見へたりけり、性順・景仲（2）は只一手に成て、魚鱗に連て、荒手を先にたて、蜘手・十文字に掛破りしかば、伊予守忽に打負、一返しも返さず、手負をも助けんともせず、親子の討るるをも不顧、物具を捨て、小江山まで引退く、夫より散々に成て落行ける

『鎌倉大草紙《かまくらおおぞうし》』三巻（『群書類従』所収）は、「太平後記」とも言われる軍記で、室町前期の関東の政治情勢を知る重要史料である。作者未詳ながら、その筆力は相当なもので、この村岡河原の戦いの部分も、結城側の一色伊予守勢が戦況有利とみるや、無防備に荒川を越えて深追いしすぎ、幕府軍に散々に打ち負かされる光景が、眼前に浮かぶように描かれている。それにしても、毛呂三河守の情勢分析は確かなもので、幕府側に味方する武将が少なかっただけに、上杉氏から得た信頼は絶大なものがあったであろう。近くの勝郷（現坂戸市石井・塚越付近）出身の勝豊後守が結城側に与し、一族八人と共に、扇谷上杉持朝によって足利で誅殺されているのをみると、毛呂三河守の判断と実に対照的である。結城合戦における村岡河原の戦いが、戦国毛呂氏のデビュー戦と言ってよいであろう。

現在の村岡河原（熊谷市村岡）

【注記】

（1）上杉憲信（性順）は庁鼻和（深谷）上杉氏の三代目である。

（2）長尾景仲。

第三章　戦国時代の毛呂氏

(一)毛呂氏の内紛

戦国時代の毛呂氏の大きな出来事に、一族の内紛がある。文明年間(一四六九~八七)、兄土佐守と弟三河守が家督をめぐって争ったのである。これを仲裁したのが太田道灌の父道真であったという。「太田道灌状」(肥前島原松平家文書・『坂戸市史』中世史料編Ⅰ所収)①に見える文明十二年(一四八〇)の該当部分を引用してみよう。

(前略)

一毛呂三河守父子進退事、秩父口表最初自御敵城招出候間御免、則左近太郎致出仕候、然任御証状旨、当知行之地雖不可有相違旨存候、土佐守白井へ致御供忠節候之間、惣領職之事不及申立候、根本参河守事者、同名左近将監入道并宮野一跡相拘候、此内おも故参河入道来阿自余子共中少々相分、又別買得散在地おも宮野分ニ加当、参河守方へ譲与ス、舎兄土佐守致御敵候之間、名代并所帯等悉以令相続、為御方及三十年致忠節、縦令今度一往之儀

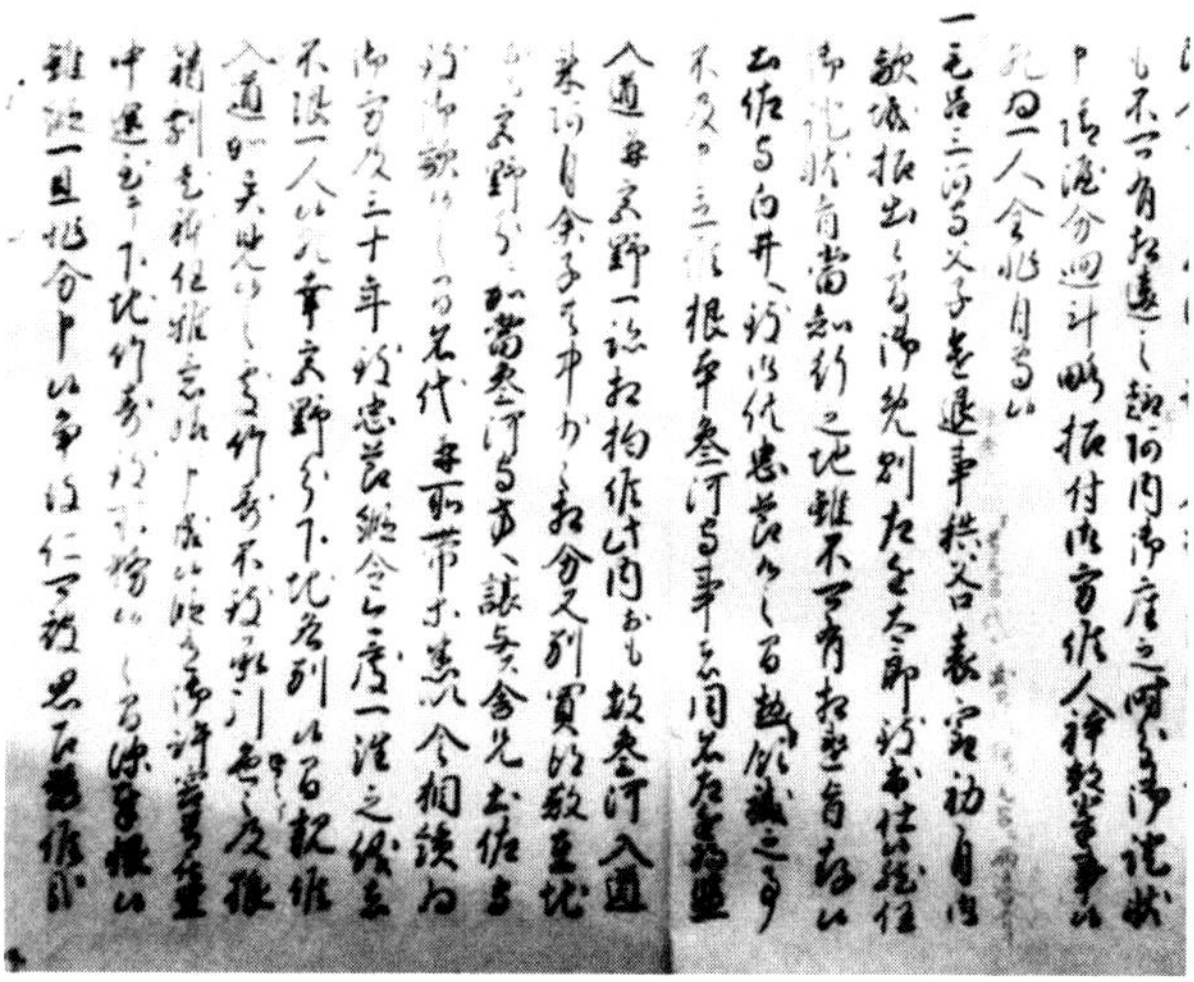

太田道灌状の「毛呂三河守父子進退事」（肥前島原松平文庫蔵）

太田道灌肖像
（越生町龍穏寺蔵）

者、不限一人候歟、幸宮野分下地各別候間、親候入道加異見候之処、竹寿不致承引、色々及狼籍《藉》、剰老躰任雅意様ニ申成候段、有御許容号、被置中途至テ下地竹寿致所務之間、深奉恨候、雖縦一旦非分申候、争彼仁可被思召替候哉、恐者老躰以大功当家再興度々及候歟、眼前事候哉、（後略）

また幸い、『越生の歴史』古代・中世史料〈古文書・記録〉には、書き下し文も載せてある（『毛呂山町史』にもあり）ので、これを併せて引いてみたい。

（前略）
一、毛呂三河守父子進退の事。秩父口表最初御敵城より招き出し候間御免。すなわち左近太郎出仕致し候。しからば御証状の旨に任せて、当地行の地相違あるべからざる旨と存じ候といえども、土佐守白井へ御供致し忠節候の間、惣領職の事申し立てるに及ばず候。根本三河守の事は、同名左近将監入道并宮野一跡相かかえ候。この内をも故参河入道来阿、自余の子共中に少々相分け、又別に買得の散在の地をも宮野分に加え当て、参河守方へ譲与す。舎兄土佐守御敵致し候の間、名代并に所帯等悉くもって相続せしめ、御方として三十年に及び忠節致す。たとえ、今度一徃せしむるの儀は、一人に限らず候か。幸宮野分下地各別に候間、親候入道異見を加え候の処、竹寿承引致さず、色々狼藉に及び、あまつさえ老体雅意に任す様に申し成し候段、御許容有ると号し、中途に置かれる下地に至りて竹寿所務致し候の間、深く恨み奉り候。たとえ一旦非分申し候といえども、いかでか、かの仁に思し召し替えらるべく候や。恐らくは、老体大功をもって当家再興度々に及び候か。眼前の事候や。（後略）

『太田道灌状』は、扇谷上杉家の家宰であった太田道灌が、自ら書いて山内上杉家の家臣高瀬民部少輔に宛てた書状である。なかなか難解な文で解釈に苦しむ。そこで幾つかある先行研究[②]の中から、原文に忠実で最も理解しやすい解釈と思われる『埼玉史談』湯山学「武蔵国西部の在地領主について―「勝沼衆毛呂氏等」の考察―」[③]の解釈をそのまま引用してみたい。

毛呂三河守父子は、この「秩父口表」にある鉢形城の長尾景春に味方した。太田道灌はこの「御敵城」から毛呂父子を招き出し、毛呂氏は許されて、子の「左近太郎」は上杉方に出仕した。その際毛呂氏の所領は安堵せしめられたが、総領の毛呂土佐守が上野白井に在陣していた山内上杉顕定に同道していたから総領職のことは、中立てに及ばなかった。もともと毛呂三河守は、毛呂左近将監入道と「宮野一跡」の所領を支配していた。そして故人の毛呂三河守入道来阿は他の子供たちにも右の所領を分配し、別に買得した散在所領を「宮野分」に加えて、いまの三河守に譲った。

三河守の兄土佐守はかつて足利成氏に味方したので、「名代并所帯等」はことごとく三河守が相続し、上杉方として三十年間に及んで忠節をつくしてきた。今度一時景春に味方するようなことがあったが、このことは毛呂氏だけのことではない。さいわいに「宮野分」の下地は各別であるから、道灌の父太田資清（道真）が意見を加えたが、「竹寿」が承知せず狼藉に及んだ。それどころでなく、竹寿は上杉顕定から許されたと称して、下地を所務している。毛呂三河守父子はこれを深く恨んでいる。たとえ一旦「非分」のことがあったからといって、「思召替」られた以上、なんらかの処置をすべきである。父資清が当家再興のために果した「大功」に免じて聞き届けてほしいというのが、道灌の毛呂氏に関する書状の意味である。

筆者は、この湯山氏の解釈でほとんど良いと考えているが、幾つか補足的な意見を述べてみたい。

まず、毛呂三河守の子の「左近太郎」であるが、『長昌山龍穏寺境地因縁記』に「毛呂佐近太郎、法名は一田幻世庵主」とあるので、左近太郎は毛呂顕繁とみて間違いなかろう。父三河守は、同書の毛呂土佐守善次ともとれるが、今のところ決め手が無い。総領職は兄の土佐守、三河守は『報恩寺年譜』に出てくる毛呂左近将監の所領と「宮野一跡」の所領を支配した。毛呂左近将監には、跡継ぎが無かったのであろう。宮野氏は、出雲伊波比神社の棟札（寛永十年）から毛呂大明神のある宮野村（神領）を支配していた毛呂氏の一門と考えられる。また「故参河入道来阿」は、結城合戦を戦った毛呂三河守に違いない。ところが、今の三河守の兄土佐守は突然古河公方足利成氏に味方した。そこで関東管領山内上杉氏は、三河守を毛呂氏の嫡流と認めたのであろう。そこで三河守が、名代すなわち毛呂氏の総領職としての受領名土佐守と所帯等すなわち父三河守から相続した毛呂氏の所領や宮野村臥龍山飛来大明神の祭祀権を継承することになった。毛呂氏は、故三河入道来阿の時代から上杉氏に三十年間に及んで忠節を尽くしてきたことになる。

一方この流れを承知できなかったのが「竹寿」である。竹寿を『坂戸市史』は「土佐守本人か」としているが、土佐守の子の可能性もあろう。おそらく竹寿丸とか言う幼名で、総領職として認めなかった太田道灌の考えに基づく表現であろう。最近刊行された尾崎孝著『太田道灌状』を読み解く」（宮帯出版社）では、上杉持朝（幼名 竹寿丸）としている。しかし、上杉持朝は、すでに応仁元年（一四六七）に五十二歳で没しているので、やはり不明というほかない。竹寿にしてみると、毛呂氏の氏神を祀る臥龍山の神領（「宮野分下地」）が「格別」なのは当然で、道真の忠告を聞かず、妨害に及んでその一部の土地を実効支配していると言うのである。

道灌は竹寿の言い分を認めず、三河守父子は一度景春に味方するようなこともあったが、この度三河守家を総領家と認めた以上、上杉家の為に「大功」を重ねてきた老父道真の顔を立て、山内上杉家で毅然とした態度を示して欲しいと要求しているのである。

なお、両派の確執はその後も続き、二人の毛呂土佐守が同時に存在した④時代が、この後もしばらく続いたのではないかと筆者はみている。すなわち三河守の舎兄土佐守の系統は、御堂（現東秩父村）の浄蓮寺過去帳に見える毛呂土州内経宗―天文十三年三月十四日没や同十五年川越城包囲の古河公方足利晴氏に味方した毛呂土佐守、川越市山田道明家過去帳に見える毛呂土佐守義可（菩提寺川越行伝寺）、鎌倉『妙本寺大堂常什回向帳』に見える清心院妙儀松山之内毛土息女―天正五年七月二日没、同書の文禄五年三月二十九日に十五歳で没した妙本寺僧法名利雄院日衛―毛呂土佐守息といった人々である。ほとんどが日蓮宗の寺院に関係するところに共通点がある。曹洞宗に帰依した三河守系毛呂氏と明らか系統を異にする。いまこれを仮に日蓮

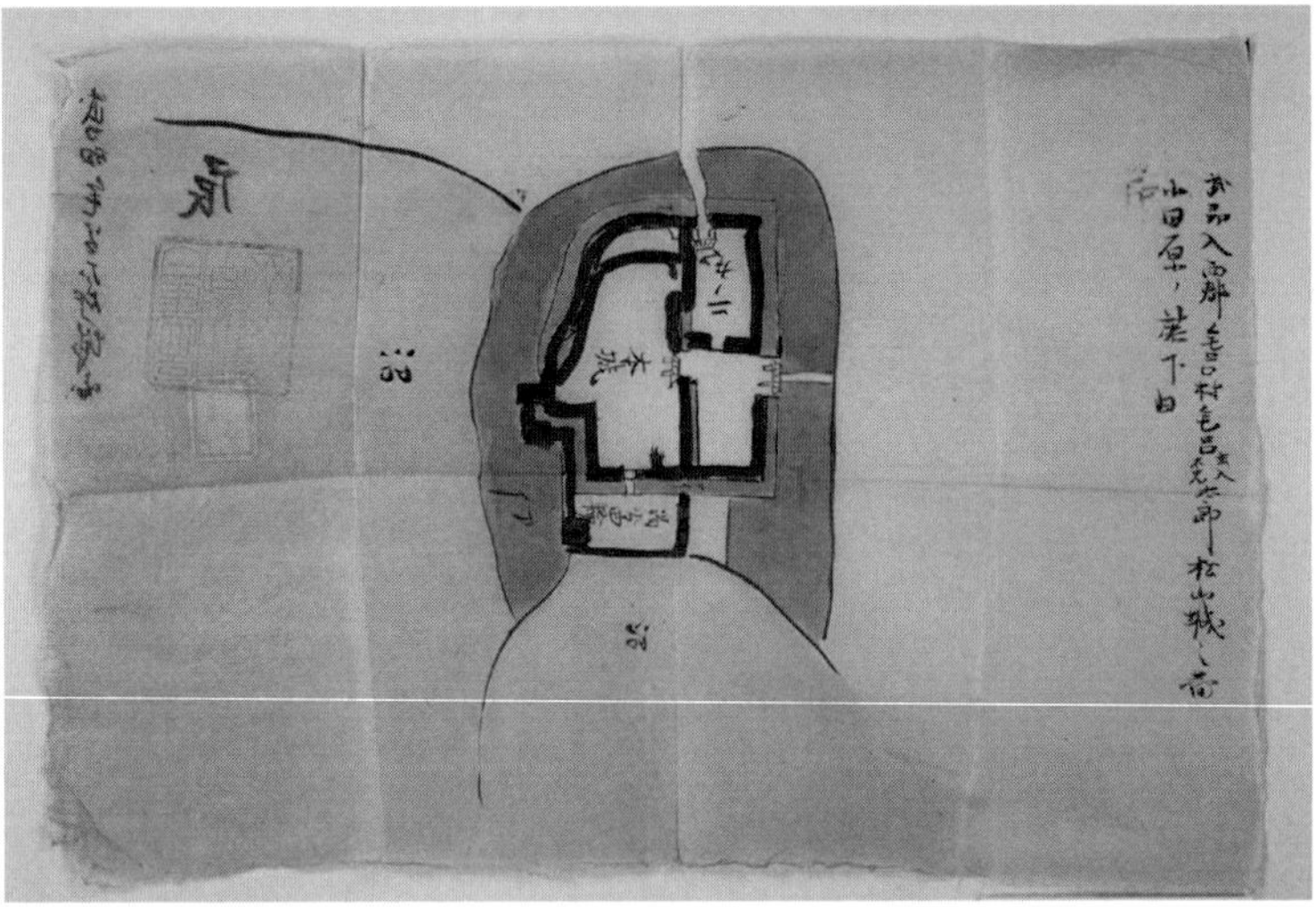

武州入西郡毛呂山村毛呂太郎松山城之図（岡山大学附属図書館蔵〔池田家文庫〕）

宗系毛呂氏と呼んでおきたい。

また最近、「杉山城問題」との関係で問題提起された古河公方足利高基書状写に宛名として登場する毛呂土佐守[5]も同じであろう。この系統は天文十五年（一五四六）の川越夜戦の頃迄は古河公方に従い、その後は上田案独斎の麾下となって松山辺に居住していたと思われる。「松山之内」とあるのが唯一の手掛かりであるが、これを基に史料を探すと「武州比企郡本郷松山町絵図」という江戸期の古絵図写がある。この絵図には何と「茂呂太郎古城跡」が載っているのである。場所は松山町の小字後谷分で、箭弓稲荷の北方およそ五〇〇m、松山城からほぼ真西へ二km程の所にあたる。脇には後谷畑、構内《かまえうち》とある。構内は、屋敷内・郭内の意であろう。現在の地図でいうと国道２５４号の旧道沿い、松葉町三丁目と箭弓町三丁目の境辺りであろう。城内を東武東上線が貫通している感じである。最も「茂」の字は、志のくずし字に近く難点もあるが、おそらく転写を重ねた（毛呂を知らない人が写した）結果であろうと考えられる。絵図には「元文元年丙辰之画図ヲ用」の識語があり、松山城本丸の所には「城主上田上総介　天正十八歳庚寅落　明和四丁亥迄百七拾八年也」等の書き込みが有るので、明和四年（一七六七）頃写されたものと思われる。いずれにせよ、この茂呂太郎[6]の城は、松山城の支城（砦）として秩父口を固め、城下を守る役割であったと思われる。茂木和平著『埼玉苗字辞典』も「毛呂氏も松山城家臣なり」「松山城家臣土佐守」と載せている。

さらに一つ加えるなら『新編武蔵風土記稿』も言うように越生町麦原とときがわ町の境にある大築城跡は松山城主上田安独斎の出城として知られている。この大築城の南西部低地にあるモロドノ郭も前述した関係を補足するものであろう。

〔文中注釈は（4）文末に置く〕

（二）立川原合戦と毛呂顕繁

戦国毛呂氏の参加した大きな戦いに立川原合戦がある。文明十八年（一四八六）太田道灌が主家の扇谷上杉定正によって謀殺されると、協力関係にあった山内上杉家と扇谷上杉家は、相反目し合戦を繰り返すようになった。なかでも熾烈を極めたのが、永正元年（一五〇四）九月二十七日の立川原合戦である。関東管領職を継いだ山内上杉顕定に対し、小田原城を制圧した北条早雲や駿河の今川氏の応援を得た定正の子扇谷上杉朝良の両軍が武蔵立川原で激突したのである。『鎌倉九代後記』（内閣文庫蔵『坂戸市史』所収）によると「終日戦テ勝負ヲ決セ」ざる状態であったが、「夜ニ入テ顕定ノ加勢トシテ、越後ノ軍勢」が馳せつけたので、戦況は一変し「朝良荒手ニカケ負、引退テ川越城ニ入ル」こととなった。『石川忠総留書』によると結果は「北陣敗績、死亡数千八百余」であったという。この戦いで毛呂氏は、山内上杉顕定側についたと考えられる。この時の毛呂氏の当主は毛呂左近太郎、後に入道して幻世を号した。毛呂左近太郎は、すでに成人して毛呂土佐守顕繁と名乗っていたはずである。諱の「顕繁」は上杉顕定の偏諱であろう[7]。この戦いは顕繁にとって厳しいもので、一族の多くを、想像を逞しくすれば、嫡子を失うような大打撃を受けたのではなかろうか。後年、土佐入道幻世（毛呂顕繁）が、戦死者を供養して念仏鐘を作ったことはよく知られている。ここに、その銘文を引用しておく。

（阿弥陀種子）
為百万遍念仏所求之鐘四十八ケ於武州立川原合戦々死不知員依之思立者也　永正元年甲子
九月廿七日　毛呂土佐入道幻世

毛呂土佐入道幻世の念仏鐘
（個人蔵／立川市教育委員会提供）

一田幻世庵主供養塔（長栄寺）

(三)毛呂合戦

長い毛呂山町の歴史で、毛呂山町が最も緊張に包まれたのは、大永四年(一五二四)の十月であったろう。山内・扇谷両上杉氏の大軍が毛呂城を囲み攻撃を始めたからである。『石川忠総留書』には「十月毛呂城落居、憲房、朝興大将として攻之」と記されている。原因は、長い間上杉氏の配下であった毛呂氏が、この年小田原に本拠を置く後北条氏方に属したからである。大永四年正月、北条氏綱は扇谷上杉朝興の江戸城を攻撃し、朝興を河越へ敗走させた。直後『北条記』(『続群書類従』所収)に、「当国住人毛呂太郎、岡本将監ヲ初トシテ悉ク馳付ケレハ」[8]とあるように、毛呂太郎(顕繁か)は後北条方に与したため、この時から毛呂城は北武蔵における後北条氏の最前線基地となったのである。ようやく北武蔵に足掛かりをつかんだ後北条氏は、なんとか毛呂城を守ろうと躍起になったようである。同年四月、当麻宿(現相模原市)に発給した制札はこれをよく物語っている。

制札　　　　たいまの宿

右　玉縄　小田原より　いしとと

もろへ　わうふくのもの

とらの印判をもたさる者ニ

てん馬おしたていたすへからす

もしおさへてとるものあらは

きつとめしつれ　おたはらへ成共

玉なわへ成共　こすへき者也

仍如件

大永四年　四月十日

但　印判なり共　日付三日

すきハ　もちいへからす（関山文書）

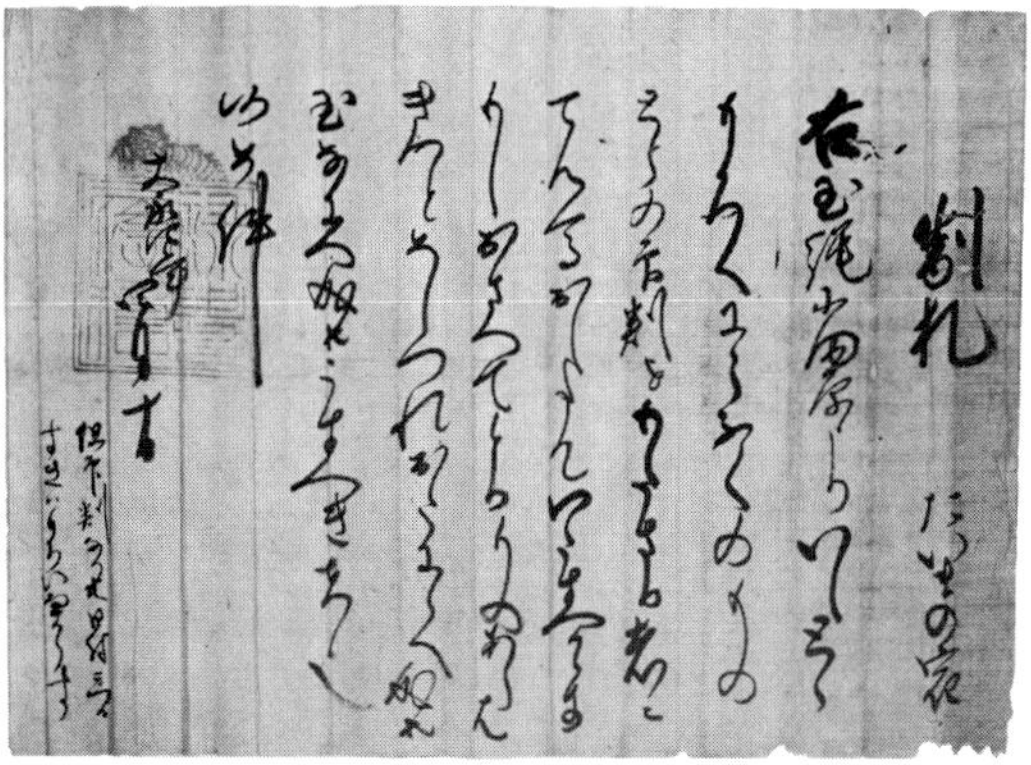

北条氏綱制札（個人蔵／神奈川県立歴史博物館提供）
氏綱が無許可の者に毛呂への往復を禁止した文書で、ようやく手に入れた北武蔵の最前線基地の毛呂を必死で守ろうとする北条氏の緊迫感が伝わってくる。

このように、小田原・玉縄（現鎌倉市）から当麻（現相模原市南区）を経て毛呂と石戸（現北本市）を往復する者については、虎の印判状を持たない者には伝馬の利用を禁じたのである。明らかな後北条氏による交通統制であり、いわば戒厳令といってよい。この時期いかに毛呂城が後北

龍谷山城遠景
「毛呂要害」は龍谷山城のことと考えられる。（県選定重要遺跡）

毛呂城跡（長栄寺旧景）
昭和46年長栄寺が焼失する以前の古写真である。
現在は「毛呂氏館跡」として県選定重要遺跡。

条氏にとって重要な存在であったかが理解できよう。

このような状況を両上杉氏が見過ごすはずがなく、連合軍による大永四年十月の毛呂城攻撃となったのである。この時両上杉連合軍が包囲した毛呂城は、毛呂氏館とされる小田谷堀の内（現長栄寺付近）と、いわばその詰城であった龍谷山城であったと考えられる。

一方、北条氏綱も毛呂城救援のために江戸城から出陣し、毛呂に向ったが、途中勝沼（現青梅市）で和談を成立させてしまった。北条氏綱書状に、次のようにある。

去月十日比、憲房上州衆被引立、毛呂要害へ被取懸候、時分柄、有案内者、無水時節被成調儀候、於彼地可致一戦以覚悟、十月十六日、当地江戸罷立、中途へ打出候処、御同名新五郎方、藤田右衛門佐・小幡其外和談取刷由申来候間、勝沼ニ令滞留、承合候処、不日ニ遠山・秩父次郎陣所へ彼面々被越遂対談候間、定当座之刷計儀与存之候処先以各へ令面談候上者、兎角為不申及、和談之形ニ落着候間、毛呂城衆引除、翌日則上州衆被入馬候、定色々可有其聞候間、凡時宜を申宣候（前後略）

十一月廿三日

北条氏綱（花押）

謹上　長尾信濃守殿（上杉家文書）

【現代語訳】

先月十日ごろ上杉憲房が上州衆を率いて毛呂要害（瀧谷山城）への攻撃を開始しました。時節柄手引きするものがいて、水が枯れている時期をみはからって調略をしかけたのです。私（氏綱）は毛呂で一戦を交えようと強い覚悟をもって、十月十六日、自分が現在いる江戸を出発し、中途まで進軍したところ、貴方様（書状の相手長尾為景・上杉謙信の父）の同族足利の長尾新五郎（憲長）同志の藤田右衛門佐・小幡などが和議を斡旋しますと申してきたので、勝沼（青梅市）に滞留して知らせを待っていたところ、すぐに遠山秩父次郎陣所へこうした面々が行って対談しました。きっとその場の相談であろうと思っていたのですが、なにはともあれみんなで面談して決めたというので、なにやかや言えなくなり、和議という形で落着してしまいました。そこで毛呂要害に籠もっていた北条方の兵が退陣し

翌日上州衆が入城しました。〔前後略〕

この書状の経緯をめぐっては、山田邦明著『戦国のコミュニケーション—情報と通信—』（吉川弘文館）に詳しい。そちらを参照されたい。またこの書状は、氏綱が初めて「北条」の苗字を用いたことでも特に有名である。

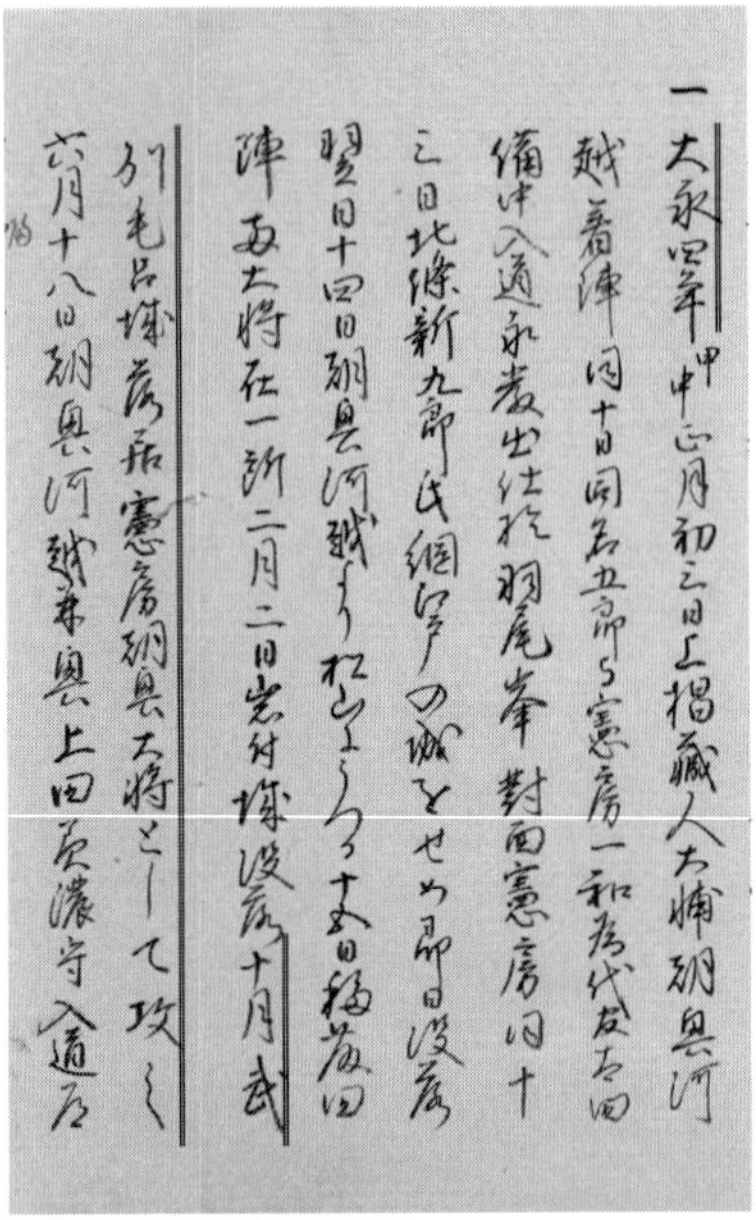

「大永四年（中略）十日武州毛呂城落居憲房・朝興大将として攻之」とある。

『石川忠総留書』乾（部分／国立公文書館〔内閣文庫〕）

しかし、『毛呂山町史』等で言われているように、本当に毛呂合戦は行われなかったのであろうか。先に示した『石川忠総留書』にも、はっきりと「毛呂城落居」と書いてある。「落居」は、すなわち「落城すること」（『日本国語大辞典』小学館）で、上杉勢が「攻之」た結果であった。おそらく、毛呂郷を中心に相当な戦闘が行われたものと考えられる。一例を上げれば『坂戸市史』（中世史料編Ⅰ）が紹介する狭山市の「長谷川家文書」がある。すな

多和目城遠景（坂戸市多和目）

わち、田波目大かけ城（現坂戸市多和目の城山）は、当時毛呂氏の属城であり、この城から出張りした高麗新節次と河越勢に加勢して出陣した半貫内膳（入間川畔に屋敷があった）がいなのひ原（日高市駒寺野新田地内）に戦ったというのである。そして、この戦いで半貫内膳が打死にしたという。また、毛呂山郷土史研究会長の山口　満氏によれば、地元にも大谷木原合戦の伝承が残っているという（『あゆみ』第七号所収）。それは、昔、大谷木字石原ケ谷戸に比留間備後介率いる二百人余りの遊軍が討手を待ち受けていたという。やがて寄手との三時間近くに及ぶ攻防戦のすえ、比留間備後介は討死、残兵は石尊山から龍谷城に撤退したという。同氏はこれを毛呂合戦の前哨戦と推定されているのである。筆者の見解もほぼ同様で、毛呂氏は、前哨戦の後、呆気なく本拠の毛呂城（現小田谷長栄寺付近一帯）を捨て、詰の城である龍谷城に籠城したものと考えられる。つまり、「毛呂城」は「落居」したのである。そこで、両上杉の連合軍は、龍谷城へ矛先をむけて攻撃を開始することになる。この日が『上杉文書』にいう「十月十日」のことであったろう。「毛呂要害へ被取懸候」はこうした状況を端的に表している。筆者なども少年時代に、「昔、石尊山と龍谷山が戦争をした」という伝承を聞いたことがあった。石尊山の山裾に位置する毛呂城の本郭を攻略した上杉勢は、石尊山側から至近に対峙する龍谷山に向かって激しい攻撃を繰り広げたものと推察される。杉田鐘治氏も「毛呂竜谷山城について」（『あゆみ』第十五号）等で、詳しくこれを考察されている。そして毛呂氏側もよく持ちこたえ、龍谷城籠城戦は少なくとも十月十六日までは続いたことであろう。その後の和談成立後の状況は、毛呂城は上杉方へ引渡すが毛呂氏一族や北条氏の援軍はすべて北条方で引取ることになったと考えられる。城は受け取ったものの上杉軍は長く駐留することなく、毛呂城や詰城である龍谷山城の郭を破却し、火を懸けて毛呂の地を引き揚げたと思われる。龍谷山山頂付近より出土したという焼米（炭化した米の固まり）が、阿諏訪地区公会堂に保存されている。

出土した焼米

ところで、この期の歴史書にしばしば登場する毛呂太郎は、誰であろうか。言い換えれば、毛呂合戦を戦った大永年間の毛呂家の当主は誰か、ということでもある。結論はやはり、立川原合戦を戦った毛呂顕繁ということになろう。戦国時代を描いた歴史家にとっても、武蔵の毛呂氏といえば『吾妻鏡』の「毛呂太郎藤原季光」「毛呂太郎季綱」の印象がつよく、顕繁を毛呂家の当主として、毛呂太郎と表現するのがふさわしいと考えたのであろう。毛呂合戦から四年後の大永八年（一五二八・享禄元年）の出雲伊波比神社棟札（重要文化財）に見える「藤原朝臣顕繁」が、これを証明する一級史料である。また、顕繁は毛呂合戦の翌年（大永五年）か天文の初め頃に、長栄寺を開基し、天文十五年（一五四六）十二月二十七日に没したことも、ほぼ間違いないであろう⑨。法名は一田幻世庵主、夫人は伊理氏で、毛呂本郷妙玄寺の開基以三妙玄大姉である。

毛呂氏の菩提寺、毛呂山町小田谷の金嶋山長栄寺には本尊様の両脇に開山節庵良筠像と開基一田幻世庵主（毛呂顕繁公）の像が安置されている。また、それを説明する古記録も同寺に残されているので次に引用してみたい。

『御開山尊像及び建立化縁牒』

当山開闢因縁応永昔此境為大伽藍門下競繁時己無守護故敗壊者乎然現顕開山
因縁謂者龍穏七代節庵大和尚庵於此山因毛呂氏先祖紀公王末孫
毛呂佐渡守入道而号一田幻世庵主以武司郡以文憐處然参庵和尚得道幻世明応年中建立

当山即今開山庵和尚道化盛而於当境立千人法幢幻世天文十五年十二月念七日逝去
曽開山天文十三年甲辰閏霜月廿八日化去真顕畫像高掛壁容儀巍々威光照人燈々相続十一転而
今当馥州現住因開山本尊像禅泉両郡司企悲願寛文十二年壬子歳五月吉辰造立成就畢（中略）
寛文十二壬子歳五月吉辰
金嶋山長栄現住謹　馥州誌之
尊像本願主　七代扇田弟子高禅
十一代馥州弟子州泉

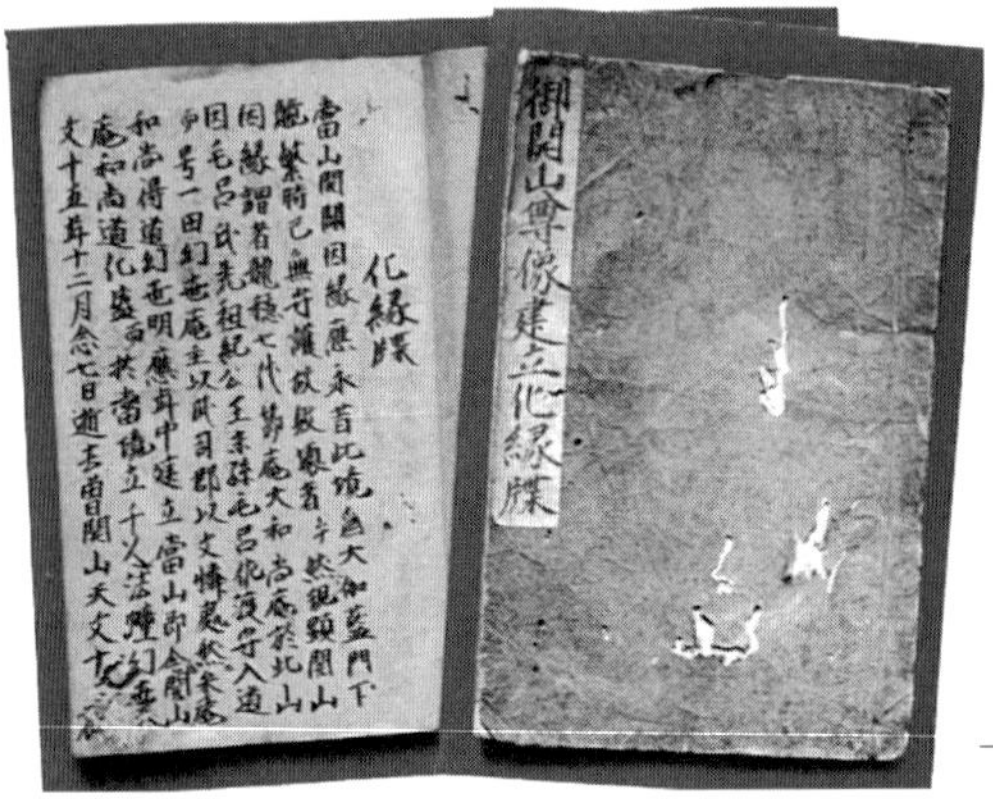

『御開山尊像建立化縁牒』（長栄寺蔵）

〔意訳〕

御開山の尊像及び建立の化縁の牒（記録）

当山が開かれたのは応永の頃である（注1）。昔ここには大伽藍があって非常に繁栄していたが、それを守護する者がなく故に敗壊したのである。そして現在の開山の由来を考えるに龍穏寺第七代の節庵大和尚がこの山に庵を結んだからである。それにより毛呂氏の先祖紀公王の末孫毛呂佐渡守（顕繁）が入道して一田幻世庵主と号したのである。（この庵主は）武を以て郡を収

毛呂顕繁公（一田幻世庵主）像（長栄寺蔵）

開山節庵良筠像（長栄寺蔵）

め、文を以て人々をいつくしんだ。また節庵和尚に参禅し、仏道を修めてさとりをひらいた。幻世は明応年中に当山を建立した（注2）。すなわち今開山の節庵和尚によって仏道はいよいよ盛んになった。境内には千人の仏堂を飾る旗がたなびいた。幻世は天文十五年十二月二十七日に逝去した。それ以前、開山節庵は天文十三年閏霜月二十八日に遷化した。実像を顕した画像を部屋の壁に高く掛けた。その姿かたちは高大で威光は人々を照らした。その後法燈を伝えること十一代にして今の住職の馥州に至った。高禅と州泉の両名は、開山の尊像を造立することを悲願とし、それは寛文十二年五月の吉日に成就した。

（中略）

寛文十二壬子の歳のよき日

金嶋山長栄寺の現住の馥州謹んでこれを誌す
尊像造立の本願主は七代扇田の弟子の高禅及び十一代馥州の弟子州泉である。

このように、長栄寺開山開基両像は、江戸期の寛文十二年（一六七二）五月の造立であることが判った。尊像造立の中心人物長栄寺十一世馥州香郁大和尚は下川原村（現毛呂山町）井上氏の出身といわれる。

《参考文献》

小川喜内著『毛呂山町　神社と寺院』

《注釈》

（1）毛呂左近将監の時代

（2）「大谷木家系図」等の大永五年建立と異なる。大永五年は毛呂合戦後の再建か。
明応年中は〔一四九二・八〜一五〇一・三〕である。

(四)毛呂土佐守顕季

毛呂土佐守顕季の名が初めて歴史に登場するのは、天文四年（一五三五）九月十一日のことで、越生町の梅園神社（小杉天神社）蔵の棟札に見えるものである。その全文（表）を示してみたい。

武蔵国入西郡越生郷恒弘名之内岩峯山安楽寺
御修理之事毛呂土佐守顕季為宿願造営次番匠雑用之事為
願主藤女現来衆望悉地成就家門繁栄殿内安全諸人貴福
殊者郷内堅固人民快楽悉願満足而已
大工六郎左衛門季種
天文肆年乙未九月十一日　土佐守顕季　花押

先述した出雲伊波比神社蔵の棟札に見える「藤原朝臣顕繁」が確実に生存した大永八年から

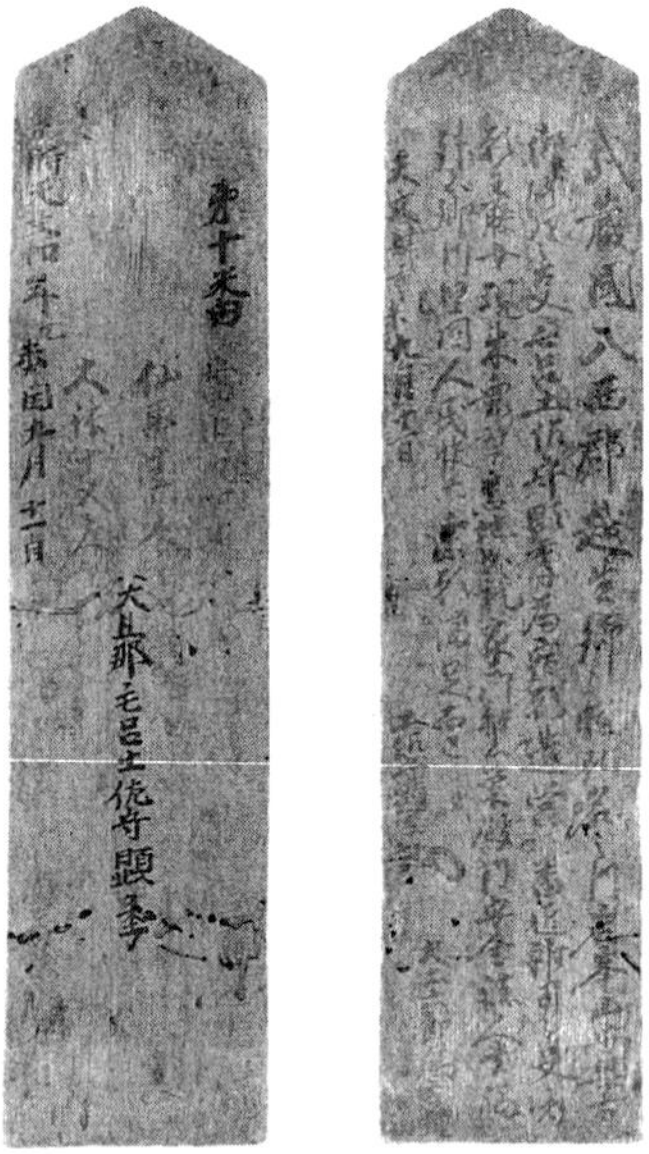

岩峯山安楽寺修理棟札
（表と裏／梅園神社所蔵）

わずか七年後のことである。このことが、毛呂顕繁と毛呂顕季の混乱の一因（同一人物説等）ともなっているが、近年（平成十八年）吉川弘文館より『戦国人名辞典』が刊行され、黒田基樹氏によって「毛《も》呂《ろ》季長《すえなが》」なる人物が立項され、さらに複雑な様相を呈することになった。要約すれば、毛呂季長は三田氏宗の三男で、永正八年（一五一一）の時点で、すでに毛呂氏に入嗣した人物ということになる。この新たな問題を解決しないかぎり戦国時代の毛呂氏の研究は、前へ進むことが出来ない。

そこで、管見を述べれば、おそらく次のようなことになるであろう。すなわち、勝沼城主三田弾正忠氏宗の三男は、永正元年の立川原合戦の後、毛呂顕繁の養嗣子（女婿）となり毛呂平三季長と名乗った。その後大永四年の毛呂合戦以降に家督を相続し、毛呂土佐守顕季と改名したというものである。以下その根拠を箇条書で示してみたい。

一、幕末、毛呂氏を調査した若狭小浜藩士山田吉令《よしのり》が筆記した中に「平親王将門八代之孫毛呂佐渡守顕季公」と書いたものがある。顕季は平将門の子孫だというのである。三田氏が平将門の末裔を称したことはよく知られている。

一、長沢村（現飯能市）借宿神社の社伝に、流星伝説がある。流星が毛呂の臥龍山に飛んで行く途中、借宿神社で休んだ。そして星は鳩と化して臥龍山に飛んで行ったというものである⑩。この借宿神社の大旦那が毛呂平三季長の兄勝沼城主三田政定なのである。

一、大永八年の出雲伊波比神社の棟札のように「藤原朝臣」と藤原氏を強調した顕繁と平三季長が同一人物とは考えにくい。平三の通称は平氏の三男の意もあろう。

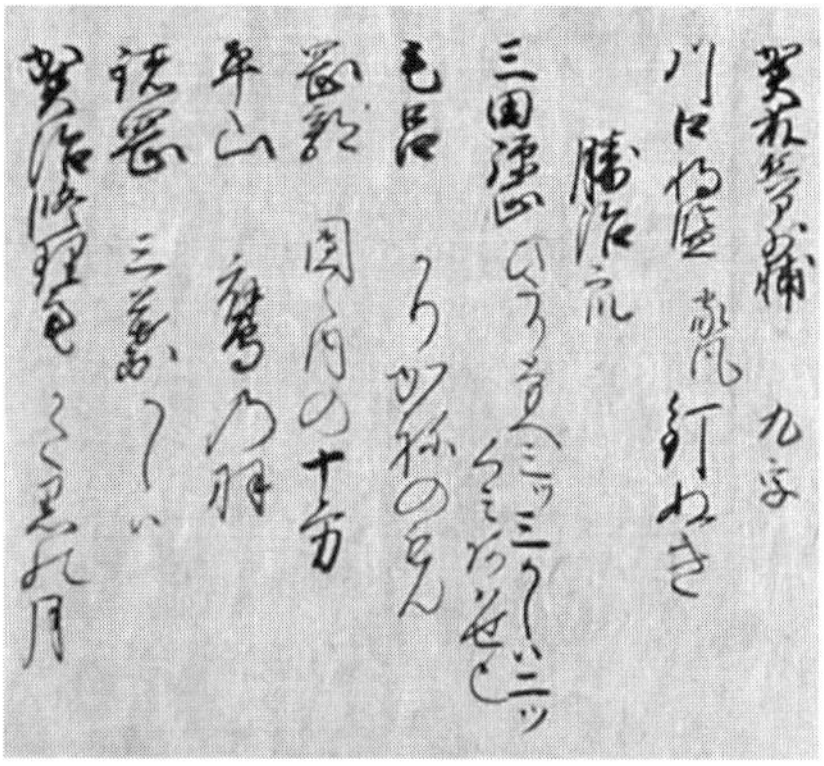

関東幕注文（部分）（永禄３年〈1560〉頃／米沢市上杉博物館所蔵）
「毛呂　かりかねのもん」とある。
上杉謙信が小田原攻め（北条氏攻撃）に際し、自軍に投じた諸将の氏名と幕紋を記したもので、毛呂氏は勝沼衆の一員として謙信に恭順の姿勢を見せた。

家紋「雁金」（一例）

一、毛呂顕繁は、立川原合戦で嗣子を失った可能性がある。念仏鐘の供養には、深い悲しみが偲ばれ、多くの戦死者のなかに我が子が含まれていたのではないか。三田氏宗と顕繁は同じ武蔵国衆として盟友であり、この合戦で共に上杉顕定のもとで戦ったと考えられる。

一、天文四年、毛呂土佐守顕季は、越生郷の岩峯山安楽寺を修理している（梅園神社棟札）が、これは「願主藤女」ためだとしていること。藤女は顕季の妻であり、毛呂（藤原）顕繁の女であった可能性が高い。

一、永禄三年（一五六〇・あるいは永禄四年か）成立といわれる『関東幕注文』（上杉家文書）に「勝沼衆毛呂」とあるのは、顕季が三田氏出身の武将であったことによってより理解しやすい。また、永禄四年は、顕繁よりも顕季の活躍した時代に近い。

一、顕季の子とされる長吉は、父の初名「季長」の一字をとったものか。長吉の子孫毛呂氏の直系旗本毛呂家の当主は、代々諱に「長」を通字として使った。

以上、見たきたように顕季を季長の後身とする大胆な説を提示してみたが、状況証拠はかなり揃っているのである。

さて、顕季と季長を同一人物とすると、毛呂顕季の最大の悲劇は、実家の三田氏が後北条氏によって滅ぼされたことである。永禄四年（一五六一）九月、勝沼城主三田弾正少弼綱定（綱秀とも、

《戦国時代の毛呂氏推定系図》

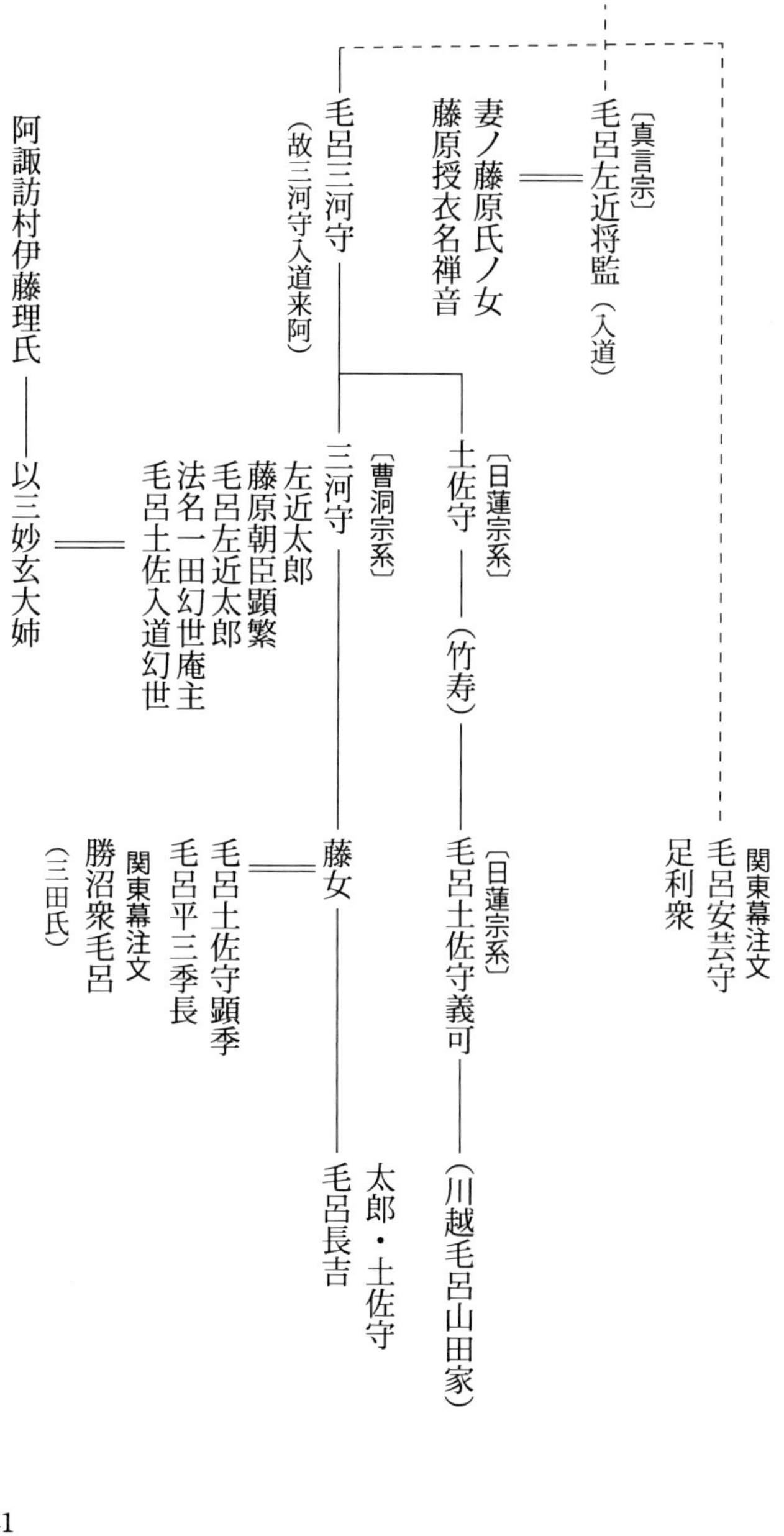

甥・兄政定の嫡男）は、辛垣城に北条氏照の攻撃を受けて三田氏は滅亡するのである。これを溯る同年三月、大軍を率いて小田原城攻めに向かう上杉謙信の強権の前に『関東幕注文』に勝沼衆として名を連ねた毛呂氏であったが、勝沼衆筆頭の三田氏のみが、みせしめのように後北条氏によって滅ぼされたわけである。もっとも、毛呂（顕季か）氏は、進攻する上杉軍と多摩・都築両郡で氏照に従い戦っているし（『関八州古戦録』）、成田長泰に従って毛呂氏も上杉軍を離れ、謙信が小田原包囲を解いて退却するとみるや、毛呂豊後守（これも顕季か）は浅羽氏等とその後陣を襲ったりしている（『北越軍談』）。毛呂氏は、ほんの一時謙信側に付いたとはいえ、後北条氏に対して可能な限りの忠誠心を示しているのである。いずれにせよ、以後の毛呂顕季は忠実な後北条氏の属将としての行動を余儀なくされることになるのである。

永禄六年（一五六三）一月七日、北条氏康は、伊豆・相模・武蔵の二万余の軍勢を率いて、下総国府台に里見義弘・太田資正と戦っている（『関八州古戦録』）が、この合戦に毛呂土佐守は氏康に従軍している。間違いなく顕季であろう。まさに国人領主毛呂顕季が後北条氏の一翼としての活躍を見せる一例である。

また、『新編武蔵風土記稿』の毛呂本郷の項や『大谷木氏家系図』の顕季の略歴に見える北条氏から与えられた、毛呂土佐守に対する文書の写しは、ある程度顕季の活躍の実態を反映していると言えそうである。特に天正九年（一五八一・『坂戸市史』による）八月十日の皆川表合戦の感状写しは、戦国武将毛呂氏の面目躍如たるものがある。毛呂土佐守の息太郎長吉が皆川（現栃木市）の城攻めで、初陣ながら敵を討ち取ったというのである。『新編武蔵風土記稿』の原文をあげておきたい。

去廿日於皆川表合戦之刻、其方息太郎討捕敵誠心地
好候、殊に初陣之由感悦不少候、恐々謹言
八月十日　氏政　判
毛呂土佐守殿

山根城跡（岩井西）

なお『新編埼玉県史』資料編6（林文書）によれば、これより前の天正三・四年の頃の七月八日、北条氏政は毛呂土佐守に書状を与え、榎本城（栃木県大平町）の本意が遂げられたこと、小山城の落居も歴然であること、子息左衛門丞の病気が平癒したことを喜んでいる。この書状は子息の官途名が佐衛門丞（左衛門尉）とあるところから、松山の毛呂土佐守に宛て

たものと思われる。

毛呂土佐守顕季の死は、『新編武蔵風土記稿』に「天正十五年十二月廿七日卒す」とあるのが、案外正しいかもしれない[11]。毛呂氏が天正十八年（一五九〇）八王子に戦死したという記録は、『大谷木家系図』や山田吉令が筆記したもの以外には見ることが出来ない。毛呂顕季陣屋跡は、これも『新編武蔵風土記稿』毛呂本郷の条にある「此所の字を堀ノ内といへり、今陸田となる、九段九畝十六歩の地なり」とある通りである。現在は妙玄寺近くの八高線踏み切り脇に、毛呂山町教育委員会による「山根城跡」の碑が建てられいるのみで、説明なしには、ほとんど昔の姿を偲ぶものはない[12]。筆者は、大永の毛呂合戦以降の毛呂氏の本拠地をこの山根城跡（毛呂顕季陣屋跡）と推定している。また毛呂顕季の墓が伝わらないのが何とも残念であるが、妙玄寺毛呂氏墓地の崩れた五輪塔（宝篋印塔）群の中の一つであろうと密かに考えているところである。

妙玄寺の毛呂氏供養塔（毛呂本郷）
中央の大きな宝篋印塔が妙玄寺の開基、以三妙玄大姉の墓である。

※戦国時代の毛呂氏（一）～（四）・注

注①『坂戸市史』中世史料編Ⅰは、岩城邦男（鎌倉・南北朝時代）、大図福次（室町・戦国時代）編である。

②『毛呂山町史』、『坂戸市史』（通史編第二編中世）。

③『埼玉史談』第二三巻第一号所収。

④『毛呂山町史』も二人の土佐守を認めている。

⑤竹井英文「戦国前期東国の戦争と城郭―「杉山城問題」に寄せて―」（『千葉史学』第五十一号）他。『歩いて廻る「比企の中世・再発見」』（博物館周辺文化財の複合的活用事業実行委員会）のように、この「毛呂土佐守」を毛呂顕季と断定することはできない。

⑥川越山田道明家過去帳に二代毛呂太郎義勝を載せ、「毛呂山田系譜」の毛呂土佐守義可の父義勝の所にも「毛呂太郎」を載せる。

⑦前掲注⑥で竹井氏は、上杉「顕実からの一字拝領の可能性もある」とされている。

⑧『鎌倉九代後記』は、「其後武州住人毛呂太郎・岡本将監等、氏綱に属ス」とあり、『小田原北条記』では、始め上杉方として「毛呂・岡本が続けてやりを投げ入れ、生死も判らぬほどやみくもに攻撃」した後、「毛呂太郎・岡本将監らが氏綱に降参した」とある。

⑨『御開山尊像建立化縁牒』（長栄寺蔵）及び『大谷木家系図』（『毛呂季光』毛呂山町教育委員会、所収）。

⑩二階堂　実「流鏑馬のきたみち」（『研究紀要』第13号・埼玉県立歴史資料館）

⑪但し、没月日「十二月二十七日」は、一田幻世庵主と同じであり、このあたりにも顕繁と顕季の混乱が見られる。

⑫かつては、大師堂の池や堀跡が存在していた。小川喜内「故事を拾って」（『あゆみ』十七号）参照。

第三章（一）～（四）〔初出〕『埼玉史談』第五五巻第一号（平成二十年〔二〇〇八〕四月一日）

（五）椙山之陣と毛呂土佐守

国指定史跡「比企城館跡群」の一つ杉山城跡は、発掘調査の成果から、十五世紀末に近い後半から十六世紀初頭に近い前半に使用された城郭であったらしい（後掲の杉山城保存管理計画書）。

杉山城跡（嵐山町杉山）

また、文献史学からみた杉山城の年代も永正九年（一五一二）頃から大永四年（一五二四）頃であるとし、考古学の成果と一致することから、杉山城は、扇谷・山内上杉氏による北武蔵での抗争の最前線に位置する城郭であり、存続期間も短ったことがうかがわれるとしている（同書）。

ところで、杉山城に関係すると思

われる文献史料とは、後掲の竹井英文氏論文が記す次の文書（写）である。

足利高基書状写
　椙山之陣以来、相守憲房走廻之条、神妙之至候、謹言
　　　　足利高基ノ由
　九月五日　　花押
　　　毛呂土佐守殿

これは、小浜市立図書館蔵酒井家文庫の山田吉令筆記所収「家譜覚書」の一部である。小浜藩士山田吉令は、幕末の嘉永年間頃から、先祖の地毛呂郷にしばしば足を運び、毛呂氏や山田氏に関する様々な資料を収集している。この文書は、おそらく大谷木村（現毛呂山町）の名主家（吉令が訪ねた頃は年寄）大谷木与兵衛家の文書を写したものと考えられる。筆者は未見であるが、「毛呂山町史編纂調査目録」（昭和四六年六月～昭和四七年三月）に大谷木進氏保管書類として「毛呂家古文書・足利高基公感状　一通」をあげて

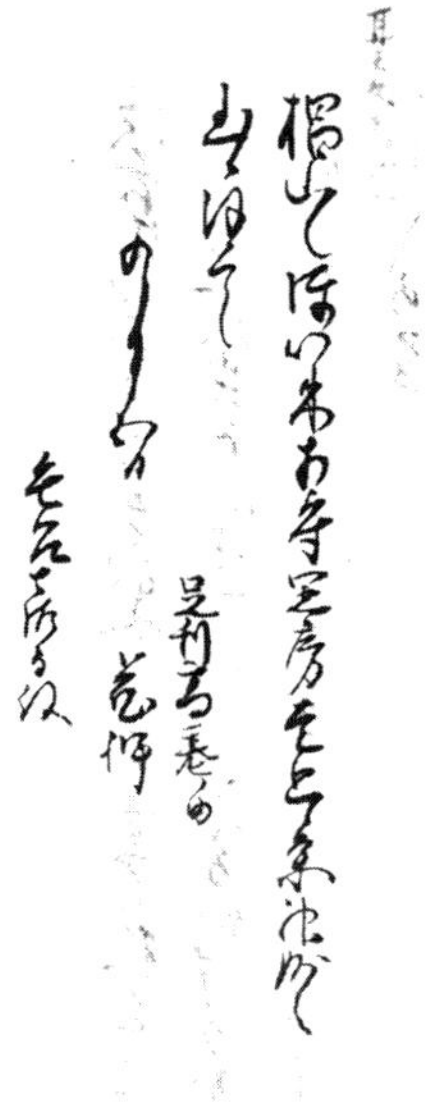

いる。

竹井氏はこの史料の年代比定を、上杉憲房と同顕実が抗争した永正九年（一五一二）から両上杉氏の抗争で憲房が比企周辺で戦った大永三年（一五二三）の間としている（後掲竹井論文）。嵐山町の杉山城保存管理計画書も採用したこの説は、概ね的を射た見解とみることができる。しかし、これでも十一年の幅があり、全く違った築城目的を含んでいる。筆者は竹井氏の言う一つの見方である憲房・顕実の抗争時のものと考えた方が自然であるように思う。すなわち、関東管領山内上杉氏の跡目をめぐる合戦である。この時、鉢形城に拠る管領上杉顕実（古河公方足利政氏の弟で上杉顕定の養子）に対抗すべく上杉憲房（同じく上杉顕定の養子）によって築かれた城が杉山城なのではなかろうか。杉山城の完成度の高い縄張り技術も、対鉢形城を意識したものであるなら当然のことと考えられよう。杉山城の使用期間が短かったという考古学からの指摘もまた顕実・憲房抗争時のものと考えるに矛盾しない。「椙山之陣以来」には、何か画期的事件の結末を連想させるニュアンスがある。おそらく、鉢形落城そして顕実の古河への逃亡を指すのであろう。

さて、先学の多くは、「毛呂土佐守」を毛呂城にいた毛呂土佐守という前提でこの史料を考察されているようである。しかし、「太田道灌状」にあるように毛呂氏は、文明八年（一四七六）に勃発した長尾景春の乱を契機に三河守流と舎兄土佐守流の二派に分かれて対立するのである。おそらく、古河公方に与し「憲房を相守」ったのは、この舎兄土佐守かその子のほうであったろう。この派は、現在の東松山市地内を拠点の中心にしていたと考えられる。一方、大永四年（一五二四）北武蔵でいち早く後北条氏に味方、憲房・朝興の両上杉氏から攻撃をうける毛呂城主（注1）は、『北条記』などの戦記物では「毛呂太郎」である。この毛呂合戦敗北（和談）後の大永八年（享禄元年）、前年焼失した毛呂氏の氏神、飛来大明神（現出雲伊波比神社本殿）を再建したのは、「毛呂三河守藤原顕繁」（『臥龍山宮伝記』）であり、同棟札は、「大旦那藤原朝臣顕繁」である。毛呂郷の毛呂氏で受領名土佐守が確認できるのは、天文四年（一五三五）小杉天神社の修復棟札の「毛呂土佐守顕季」を待たなければならない。もっとも毛呂顕繁は、大永五年（一五二五）毛呂城の館を長栄寺として開基した（寺伝・大谷木家系図）ともいわれている（注2）が、あるいはこの時出家して「土佐入道幻世」と号した可能性もある。永正元年（一五〇四）の立川原合戦の戦死者を供養した念仏鐘の作製もこの時であったかもしれない。

　また、竹井氏の言われるように、毛呂

大旦那藤原朝臣顕繁（花押）
奉造立当社大明神並幣殿事
大永八年戊子九月廿五日

大永八年棟札（重要文化財）
裏には天文２年（1533）瓦修理が行われたことが印されている記されている。
〔根□檜皮葺大破□為瓦葺致也天文弐年癸巳九月五日〕

城の毛呂氏は、顕実方として戦った可能性もあり、永正十二年（一五一五）の顕実没は小田原北条氏に通じる一因となったかもしれない。大永四年正月に和睦したとされる両上杉氏が、同年十月、毛呂城を落居させ、詰の城毛呂要害（龍谷山城）を抱囲するのは極めて自然な成り行きであった。「憲房を相守」った毛呂土佐守は、この時も憲房に従い毛呂城攻撃軍の中にいたかも知れないのである。

いずれにせよ足利高基感状の宛名を毛呂郷の領主毛呂土佐守として杉山城の築城年代の手掛かりとするのは、危険な気がするのである。山田吉令が大谷木村の大谷木与兵衛家で書写した「足利高基感状」は、原本の透き写しらしく、しかも『新編武蔵風土記稿』によれば、大谷木家は「諸家より贈りし文書等を蔵す」とあって、「毛呂土佐守」だけでは毛呂郷の毛呂氏の決め手にはならないのである。

《太田道灌状にみる毛呂氏系図》

毛呂三河守（入道来阿）
- 舎兄土佐守（日蓮宗系毛呂氏）
- 三河守（左近太郎・入道幻世）
- 自余の子（大谷木氏等か）

《参考文献》

竹井英文「戦国前期東国の戦争と城郭―「杉山城問題」によせて―」『千葉史学』（第51号・2007）
嵐山町教育委員会『杉山城跡保存管理計画書』（平成22年3月）
『戦国人名事典』（新人物往来社）

〔注釈〕

注1、ここでいう毛呂城は、現在の毛呂山町大字小田谷にある曹洞宗長栄寺付近一帯をさすと考えられる。埼玉県選定重要遺跡名は「毛呂氏館跡」としている。

注2、『長昌山龍穏寺境地因縁記』では、天文の頃毛呂土佐守善次・毛呂佐近太郎、法名一田幻世庵主が龍穏寺七世節庵良筠を招いて長栄寺を開山したとする。

〔初出〕『埼玉史談』第六二巻第二号（平成二七年〔二〇一五〕九月一日）

◎付記

実はこの竹井氏の椙山之陣論も問題がないわけではない。というのも同じ山田吉令が書いた「家譜覚書」の冒頭近く毛呂氏系図の顕季の経歴に次の一文がある。

仕山内上杉管領　文亀三年癸亥豆州杉山役以有働自上杉家
賜書

〔筆者訳〕
山内上杉管領に仕え、文亀三年癸亥（一五〇三）伊豆国の杉山のいくさで、働きがあったので上杉家より書を賜った。

椙山之陣以来相守憲房走廻候条
神妙之至候　謹言
九月五日　憲　花押
毛呂土佐守殿

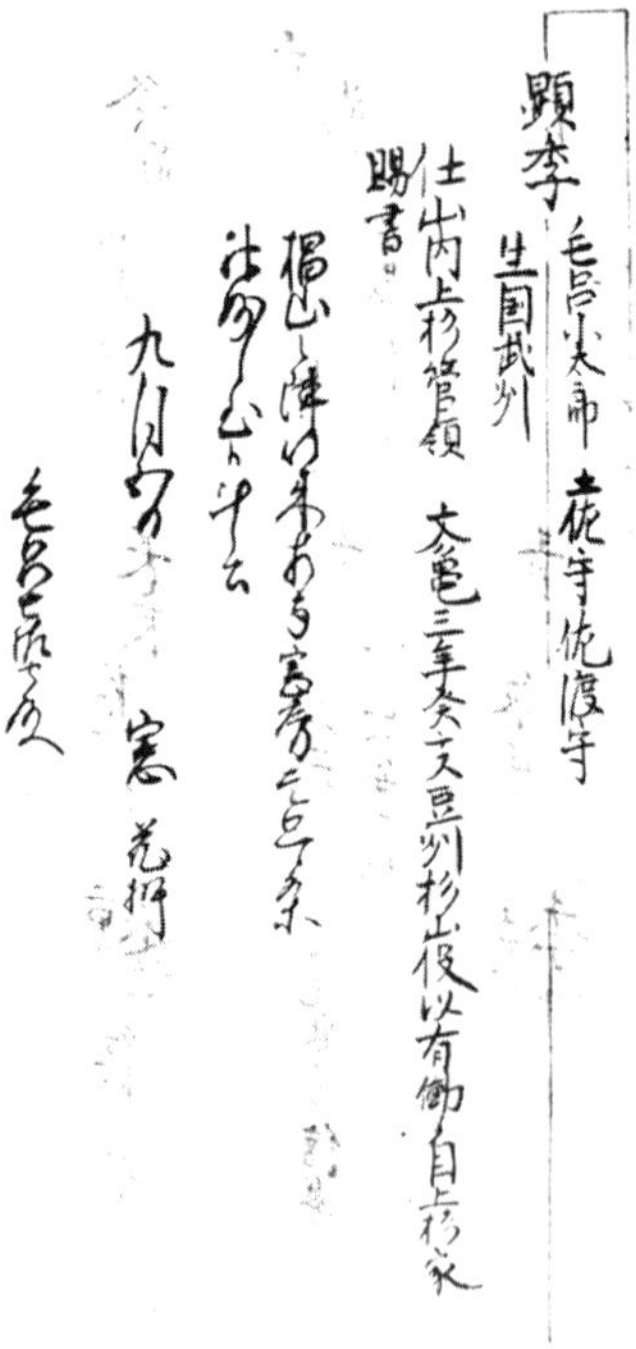

「家譜覚書」の一部

ここでいう「杉山役」が「豆州」（伊豆国）で行われた合戦であるすると竹井論文は机上の空論となる。竹井氏もこのことが少し気になったようで論文の注で「（文亀三年）の根拠は不明確で、注の内容も事実関係として全く合わない」とされ、「足利高基の書状とみて間違いない」とされている。確かに「憲　花押」は、発給者上杉憲房が本文中に「相守憲房」というのは、不自然である。しかし、文亀三年に伊豆の杉山で行われた戦争と断言している説明は魅力的である。『史学論叢』第四四号「その後の「杉山城問題」における批判に応える」の中西義昌氏の論考のように「豆州杉山役」を支持する研究者もいることを付記しておきたい。

(六)児玉郡生野郷と毛呂土佐守

『新編武蔵風土記稿』(入間郡之十七)の毛呂本郷の条には、毛呂土佐守が相州下島郷等とともに武州生野郷を領有していたむねが記されている。また、その根拠とされたと思われる北条氏政発給(推定)の毛呂土佐守宛印判状写も収載されている。

武州生野郷とは、埼玉県児玉町(現本庄市)・美里町にまたがる生野山を中心とした一帯と考えられる。『児玉町史』(中世資料編)は、この項を次のように扱っている。

年月日未詳(天正十八年以前)、北条家は、毛呂顕季に、児玉郡生野郷において知行を宛行う。

北条家朱印状写〔「新編武蔵国風土記稿」入間郡十七〕

武州生野へ郷分地、任望進之候、此上御忠節之筋目、引立　申候、彌可被走廻者也、仍如件、

「朱印」

月　日

毛呂土佐守殿

ところが、この書状写しは、冒頭の助詞が不適切で意味が通じない。『坂戸市史』（中世史料編Ⅰ）では、小浜市教育委員会、酒井家文庫所蔵の「山田吉令覚書」（『新編武蔵風土記稿』と原文は同じ）を採用しているが、「生野へ郷」の「へ」は、（之）の誤りであろうとしている。当然のことながら、まさに正しい解釈である。

実は毛呂山町歴史民俗資料館の「大谷木輝久家文書」には、前述の史料二点より古いと考えられる毛呂土佐守宛書状写が現存する。大谷木村（現毛呂山町）の大谷木氏は、毛呂氏の子孫と言われる一族である。これには正しく「之」と記されている。大谷木家文書と書き下し文を次に掲げる。冒頭の助詞や宛名など若干の相違がある。

武州生野之郷分地、任望進之候、此上御忠節之筋目引立申候、彌可被走廻者也、仍而如件

朱印有

月日

毛土

【書き下し文】

武州生野の郷分地、望に任せこれを進め候、この上御忠節の筋目引き立て申し候、いよいよ走り廻られべくもの也、よってくだんの如し

ところで、生野といえば、永禄四年（一五六一）十一月二十七日、北条氏政と上杉謙信の間で行われた生野山の戦いがある。有名な川中島の戦い（九月十日）直後のことである。この戦いに参加した桜井左近等の武将に与えられた北条氏政感状が数点伝えられているが（『坂戸市史』等参照）、北条方が「越国衆追崩」して勝利したのである。「武州生野之郷分地任望進之候」の文言は論功行賞としての所領宛行いと推測することもできる。したがって、この文書を永禄四年十二月頃のものとみることもできるのである。

それにしても、上杉・北条勢力の境目である上武国境に程近い要衝の地生野郷の支配を任された武蔵国衆毛士（毛呂土佐守）の実力を改めて再認識する文書である。

しかし、再三述べるように、この毛呂土佐守が毛呂城の当主であったかは注意を要する。長尾景春の乱以降毛呂氏は二派に分かれ松山・東秩父方面を根拠地とする毛呂土佐守もいたからである。

〔初出〕『埼玉史談』「戦国毛呂氏あれこれ」第六二巻第二号（平成二七年〔二〇一五〕九月一日）

（七）毛呂太郎長吉の初陣と皆川表合戦

『新編武蔵風土記稿』の入間郡、毛呂本郷の条、毛呂土佐守顕季陣屋跡の項に載せる毛呂氏関係の文書群の内、次の一点は、確実に毛呂郷の毛呂土佐守顕季に宛てた北条氏政の感状であろうと考えられる。

去廿日於皆川表合戦之刻、其方息太郎討取敵、誠心地好候、殊に初陣之由感悦不少候、

恐々謹言

八月十日　　　　　　氏政　判

毛呂土佐守殿

『坂戸市史』（中世史料編1）は、「北条氏政判物写」として「山田吉令筆記」（小浜市教育委員会酒井家文庫）を採用、「天正九年（一五八一）八月十日、北条氏政、毛呂土佐守顕季に判物を与え、

去る二十日の皆川表合戦に初陣した子息太郎長吉の戦功を賞する。」と解説している。正に当を得た見解と言えよう。

皆川表は皆川城（現栃木市内）のことで城主は小山氏一族の皆川山城守広照（一五四八―一六二七）であった。その後も天正十二年（一五八四）頃から豊臣秀吉とよしみを通じたため、同十三年、十四年と北条氏政は皆川攻めを敢行している。ために皆川広照は和睦して氏政に属した。小田原役では投降して本領を安堵されている。

なお、『新編武蔵風土記稿』前項によれば、毛呂土佐守は「天正十五年十二月廿七日卒す」とあって、地元の系図などでいう天正十八年の小田原役によって八王子城で討死したとする説と矛盾する。また顕季子の太郎長吉も文禄四年十一月、徳川家康より武州新堀（幡羅郡深谷領・現熊谷市内）に三百石を賜った（系図）というから、毛呂郷の毛呂氏で八王子落城により討死した人物はいなかったことになる。なお、この太郎長吉の後裔が、毛呂氏の直系旗本毛呂氏（禄米二〇〇俵）である。

〔初出〕『埼玉史談』「戦国毛呂氏あれこれ」第六二巻第二号（平成二七年〔二〇一五〕九月一日）

(八)秩父市浦山昌安寺の毛呂氏位牌

一、昌安寺を訪ねて

獅子舞で有名な秩父市浦山の昌安寺に毛呂氏の位牌があるという情報が毛呂山町歴史民俗資料館にもたらされた。この情報を提供して下さったのは、同市荒川の山中一男氏である。しかも、ご親切にも写真まで送って頂いたのである。そこで先ず、写真の位牌に刻まれた銘文を示してみよう。

(表)

天文十五丙午霜月廿七日
一田玄世庵主
各覺位
同會
以山妙玄大姉

（裏）

天文二十三甲寅九月廿三日

同　后室

平親王將門八代之孫

毛呂佐渡守顕季公

この写真を見て思い当たることが無いでも無かったが、それにしても秩父の浦山と毛呂との取り合わせは何とも奇妙で不自然である。毛呂山町文化財保護審議委員会が文化財調査として、この浦山の昌安寺を訪ねたのは平成二十九年（二〇一七）五月二十八日（日）の午後のことであった。目的の位牌は昌安寺本堂の須弥壇脇に安置された多くの位牌の中にあった。あることは承知で訪ねたのだが、実際目にしてみると大きな驚きであった。しかも、毛呂氏の位牌はもう一面あったのである。

（表）

皈寂　密傳宗印大居士　本覚位

（裏）

平親王将門九代之孫　毛呂次郎種直

この位牌を見て私の予感は確信に変わった。幕末に小浜藩の書物奉行で川越毛呂氏（山田氏）の子孫山田九太夫吉令が遠祖の地毛呂郷をしばしば訪れ、毛呂氏に関する様々な記録を残しているが、中にこの位牌についての記述があったからである。例えば、嘉永七年（一八五四）九月、山田九太夫が作成して長栄寺に奉納した『毛呂山田系譜』の顕季の所伝を見てみよう。

説明の末尾に、

「武州入間郡上野村比留間糸吉先祖ハ毛呂家臣下ノ筋目ノ者ノ由

同人方ニ所持傳ノ古位牌ノ銘如左アリ

　一田玄世庵主　天文云々

　裏ニ平親王將門八代之孫　毛呂佐渡守顕季公」

とある。また、長吉の箇所の説明にも次のようにある。

上野村比留間氏所持傳ノ古位牌ニ密傳宗印大居士裏ニ

平親王将門九代之孫毛呂次郎種直トアリ

さらに、文久二年（一八六二）五月二日の山田吉令覚書には、昌安寺の位牌を忠実に写した記録も載っている。但し、一田玄世庵主の没年月日のうち、天文十五年霜月を十二月と改めている。

『毛呂山田系譜』の時は、「霜月」に疑問を感じて「天文云々」としたのであろう。ところが、諸記録や長栄寺の墓石など全てが「十二月」とあり「霜月」は誤りと断定したのであろう。

余談ながら、安部立郎著『入間郡誌』（大正元年十一月十五日刊）には、長栄寺の墓地について次ぎのような記載がある。

「五輪塔四基　以三妙玄大姉
弥阿　文暦元年　遁世
恵倫　応永三年　遁世
一田幻世庵主　天文十五年十二月廿七日と読める」

現在は、以三妙玄大姉の文字は全く見えず、弥阿の五輪塔は存在しない。「大谷木家系図」では、弥阿とは文暦元年（一二三四）三月廿日に没した季継（季光の子）とする。一田幻世庵主の五輪塔は地輪の部分が欠けて現在は「一田幻世　庵主　天文（以下欠落）」としか読めない。

さて、本題に戻したい。上野村（現越生町）の比留間家が所持した毛呂氏位牌がなぜ秩父市浦山の昌安寺に安置されたかという謎である。『毛呂山田系譜』に見える上野村比留間糸吉家は、上野村下分の旧家で、糸吉は同村組頭であった。その子源吉も、明治九年（一八七六）上野村下分の副戸長を勤めている。ちなみに、弘化二年（一八四五）の上野村宗門人別帳をもとにみると『毛呂山田系譜』が記された嘉永七年、二人の年齢は、糸吉五十歳、源吉二十六歳であった。なお源吉は、文政十二年（一八二九）十一月二十日生まれで、のち可庵而耕（別号三畝堂）を称し、春秋庵系の俳諧宗匠として幕末から明治期に武蔵野俳壇で活躍した人物でもある。ところが現在、越生町上野地区に比留間糸吉家跡と称する所を知る人は少なく、俳人而耕の墓も見当たらない。同地東山神社の裏手にあったという情報もあるがはっきりしない。おそらく而耕（源吉）かその子の代に、現秩父市の浦山地区に転居したのであろう。『越生の歴史』Ⅲ〈近代〉によれば可庵而耕は、明治三十五年（一九〇二）四月九日、越生梅林の魁雪亭を会場として催された句会に参加している。転居は明治の終わりから大正の初めの頃であったろうか。幸い文化財調査の時、檀家総代の方に見せて頂いた昌安寺過去帳に、昭和五年（一九三〇）に没した広河原、比留間馬太郎弟常造の名を見いだすことができた。広河原は昌安寺よりさらに奥の字である。

はたして昌安寺に毛呂氏の位牌を納めたのは、比留間家の誰であったろうか。

二、比留間家が毛呂氏位牌を所持した意味

ではなぜ比留間家が毛呂氏の位牌を所持していたのだろうか。比留間家は毛呂氏の家臣を自負する家柄である。山田吉令は、これを古位牌と記しているが、そう古いものではないのではないか。比留間家はおそらく、主家の供養、自家の由緒の権威を更に高めようと自ら作成したのでないかと考える。その証拠としてこの位牌には幾つかの問題点がある。

まず、一田玄世庵主の銘である。他のほとんどの記録が一田幻世庵主である。また、その没年月日も天文十五年十二月廿七日ではなく霜月となっている。また、妻の戒名も以三妙玄大姉ではなく、以山妙玄大姉となっている。

そして何よりも裏の実名に毛呂佐渡守顕季公とあるのは、主君を敬い、家臣が供養した位牌であることを物語っているようである。糸吉の父親は源蔵、あるいは、さらに前の糸吉の先祖の誰かが主家の毛呂郷最後の領主毛呂顕季の冥福を祈って作成したものであろう。もう一基の位牌、密傳宗印大居士の実名の毛呂次郎種直も初めて目にするものである。この戒名の俗名は、諸書では毛呂太郎長吉となっている。

三、一田幻世庵主は、毛呂顕繁か顕季か

天正十八年（一五九〇）、小田原北条氏の滅亡とともに、毛呂郷の領主の地位を離れることになった毛呂氏の直系は、旗本として徳川幕府に召し抱えられた。しかし、小禄（扶持米二〇〇俵）であったため、多くの家臣団は毛呂郷やその近在に土着帰農したようである。比留間家もそうした家臣の一人であった。ところが、江戸期も終わりに近づくと一田幻世庵主が誰であったか分からなくなっていた。

それにしても顕繁（秋重）とする資料、顕季（秋季）とする記録が錯綜している。それがためか、二人を同一人物と考える研究者もいるほどである。しかし、ふたりを同一人物とするには、その活動期間が長すぎて考えにくい。

長栄寺に現存する一田幻世庵主の位牌には、実名は記されていない。しかし、一田幻世庵主と以三妙幻大姉が夫婦であることは、すべての資料が一致している。

山田九太夫吉令が、『毛呂山田系譜』を作成した嘉永七年は、天正十八年から既に二百六十四年の月日が流れていたのである。

毛呂氏系図の中で、「大谷木家系図」が戦国末期の毛呂氏の実態に近いと考えられる。しかし、吉令《よしのり》は、迷いに迷った末、「大谷木家系図」とは逆に顕季を親とし、秋重を子として扱ったのである。つまり、一田幻世庵主は毛呂顕季と結論づけたのである。比留間家の供養位牌も一田

を顕季としていた。毛呂氏の菩提寺長栄寺の最も古い過去帳（「寛永年より元禄七年至」）も毛呂佐渡守藤原顕季として載せているが、明かに後筆（後から書き入れたもの）である。

今回の新出位牌で最も参考になることは、顕季の出自として、平親王将門八代之孫《そん》（後裔の意）とあることである。大永八年（一五二八）の飛来大明神の棟札にある「藤原朝臣顕繁」の表記は絶対である。毛呂氏は当然藤原氏である。

ところが、この比留間家伝来の位牌の毛呂顕季は、平将門の子孫だという。この顕季こそ青梅三田氏宗の三男で、毛呂氏の養子となった毛呂平三季長その人であろう。三田氏が平将門の末裔を称したことはよく知られている。季長、顕季同一人物というのが本当のところであろう。顕季の嫡男長吉《ながよし》は、父の初めの諱から「長」をとったものであろう。以後旗本毛呂氏では、代々「長」を通字としている。

今回の位牌の発見は平将門の子孫三田氏の三男が毛呂顕繁に入り婿して毛呂平三季長さらに名乗りを変えて顕季として活躍することになる傍証として極めて貴重なものである。つまり、一田幻世庵主は、毛呂土佐守（三河守）顕繁であるというのが結論である。

おわりに、毛呂氏の位牌の情報をお寄せ下さった山中一男氏、越生町上野地区に比留間而耕の足跡を追って下さった間々田和夫氏に深く感謝を申しあげる。

《参考文献》

『毛呂山町史料集　第三集　毛呂季光』毛呂山町教育委員会
「戦国時代の毛呂氏」『埼玉史談』第五十五巻第一号　内野勝裕
『越生の歴史』越生町

〔初出〕『あゆみ』第四五号（毛呂山郷土史研究会）「秩父市浦山昌安寺の位牌」（令和三年〔二〇二一〕四月一日）

(九)八王子城の戦い

織田信長に代わって天下の実権を握った豊臣秀吉は、全国平定をもくろみ天正一五年（一五八七）十二月三日、領主たちの私闘を禁じた法令、惣無事令を発した。これは関東の小田原北条氏や東北の伊達氏、上杉氏などの有力戦国大名の動きを牽制したものである。関東一円を支配した北条氏にも極度の緊張がはしった。豊臣秀吉の襲来に備えて可能な限りのあらゆる防衛のための準備を進めていた。当然北条氏配下に組み込まれていた毛呂郷の領主毛呂氏にもすぐに影響が現れる。当時毛呂氏は直接

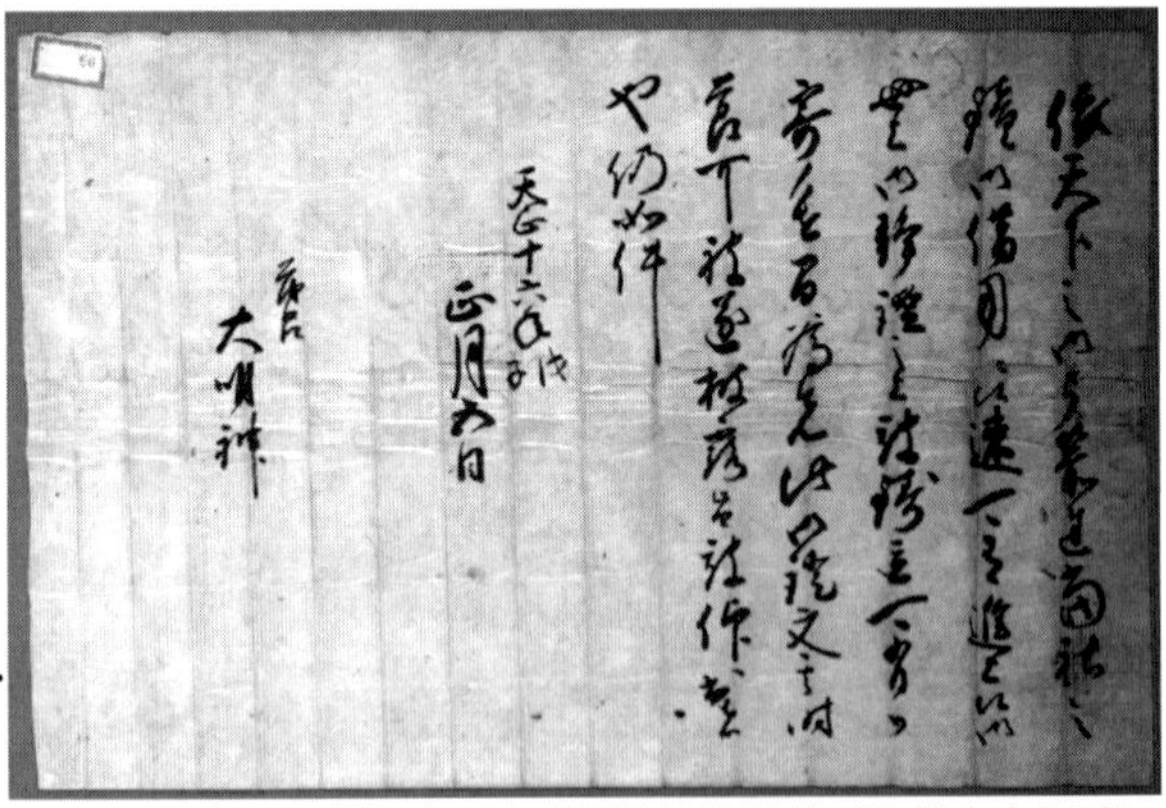

小田原北条氏の鐘証文（出雲伊波比神社蔵／町指定文化財）
豊臣秀吉の小田原攻めに備える北条氏は茂呂大明神（現出雲伊波比神社）に釣鐘の供出を命じた。

依天下之御弓箭、達当社之鐘御借用ニ候、速可有進上候、御世上御静謐之上、被鋳立可有御寄進間、為先此御証文、其時節可被遂披露旨、被仰出者也、仍如件

天正十六年戊子
正月五日
茂呂
大明神

的には小田原北条氏四代当主北条氏政の弟八王子城主北条氏照の指揮下にあった。天正十六年（一五八八）正月五日、北条氏照は茂呂大明神（現出雲伊波比神社）へ梵鐘の供出を命じてきた。大砲や鉄砲などの武器を鋳造するためと思われる。当時は神仏習合のため臥龍山には八幡社・飛来大明神両社の他に観音堂もあったのである。おそらく、その観音堂の梵鐘であろう。世の中が落ち着いたら再び鋳造して寄進するといった内容の証文であった。天正一八年（一五九〇）

八王子城（八王子市元八王子）
御主殿入り口の冠木門

になると北条氏と真田氏の間での領土紛争をきっかけにして豊臣秀吉によるいわゆる小田原征伐が始まる。小田原北条氏は惣構えを築いて籠城するが豊臣軍の圧倒的な軍事力の前にやがて開城、降伏（七月五日）することになる。支城八王子城は六月二十三日、前田利家・上杉景勝軍に攻められて落城する。八王子落城は小田原本城の開城の決め手になったと言われる。

この戦いに毛呂郷の毛呂顕季や松山の毛呂義可は参戦し討死にしたと言われる。『大谷木家系図』によれば、毛呂顕季は、「天正十八年庚寅於八王子戦死」とある。しかし、『新編武蔵風土記稿』によれば顕季は、「天正十五年十二月二十七日に卒す」とあり、八王子合戦の時すでに生存していなかった。また毛呂山町小田谷長栄寺に伝えられた『毛呂山田系譜』には山田家の祖毛呂義可は「仕北條氏政天正十八庚寅八月十九日一説七月七日於武州八王子龍ケ嶽戦死」とある。しかし、この戦死の日にちは八王子落城と一致しない。おそらく川越山田家過去帳を写したものと思われるが、同過去帳には八王子討死の記載がない。

いずれにせよ、天正十八年の北条氏の没落は毛呂氏にとっても厳しい運命となった。四〇〇年以上に及ぶ国人（国衆）としての役割に終止符が討たれたのが八王子城の戦いであった。残された毛呂氏一族は新たに関東の支配者となった徳川家康の旗本に組み込まれていくもの（直系毛呂氏）、川越の商家となるもの（日蓮宗系毛呂氏）、その一族で川越藩に仕えるもの、毛呂に残って帰農していくもの（大谷木氏）など様々であった。大谷木氏の中にはやがて旗本として幕府に仕えた三家があった。毛呂郷は初め天領、やがて七ケ村に分村され、それぞれ旗本の知行地となった。

戦国時代の毛呂氏―おわりに―

戦国時代の毛呂氏―毛呂山にしか無い毛呂山の歴史に挑戦してみた。結論は、毛呂顕繁は立川原合戦、毛呂合戦という二つの大きな合戦を戦い抜いた北武蔵を代表する戦国武将であり、北武蔵で後北条氏に与した最初の国人領主ということである。正に後北条氏の城であったその居城毛呂城とともに、もっともっと注目されて然るべき存在である。また毛呂顕繁と毛呂顕季は別人で、義理の親子、顕季は顕繁の女婿で勝沼城主三田氏宗の三男季長であるという大胆なもう一つの結論になった。読者諸氏は果たして合点が行かれたかどうか、はなはだ不安ではある。本稿では、『毛呂山町史』と全く反対なアプローチを試みた。すなわち、地元に残る毛呂氏系図によって毛呂氏の歴史を組み立てることをやめたのである。史書・古文書・金石文・棟札・絵図などから一級史料と考えられるものをピックアップし、系図や伝承は利用しても最小限にとどめた。結果毛呂氏の歴史で不明な部分も増えたが、反面鮮明になったところも多々あるのではないかと自負している。

毛呂顕繁、毛呂顕季二人の国人領主は、関東の覇権が関東管領上杉氏から戦国大名後北条氏へと大きく移り行く時代に、巧に身を処しながら北武蔵の歴史を動かしていった郷土のリーダーであった。鎌倉御家人の系譜を引く由緒ある毛呂氏を陣営に加えることは、後北条氏にとっても北武蔵を制圧する戦略の上で大きな意味があったのである。

第四章　江戸時代の毛呂氏

(一)毛呂氏の直系、江戸幕府の旗本となる

◆下町に毛呂氏ゆかりの寺を訪ねて

一、旗本毛呂氏と深川の善徳寺

旗本毛呂氏の祖は毛呂長敬である。毛呂郷の最後の領主毛呂顕季の曾孫にあたる。『寛政重修諸家譜』によると「藤原氏　実頼流」とあり「毛呂　家伝に、其先は太宰権帥季仲が後裔にして、武蔵国入間郡毛呂に住せしより家号とすといふ。」とある。『武蔵野歴史地理』を読んで、旗本毛呂氏の菩提寺、深川の善徳寺を知ってからぜひ一度訪ねてみたいと思っていた。地図で探すのにも時間がかかったが、昭和五十六年（一九八一）十一月四日になってやっと実現することができた。地下鉄東西線、門前仲町駅から清澄通りを真っすぐに清澄庭園の脇まで歩く。そこから右に折れてやや細い道をしばらく行くと、もうすっかり下町の雰囲気である。道路の上までといってよいほど、みかんの山を並べている八百屋さんから、小型のホークリフトで荷物の積み降ろしをしている町工場、そんな静かな中に善徳寺はあった。今の町名は江東区三好

善徳寺本堂（東京都江東区深川）

二丁目である。この辺りは大変お寺の多いところで、何度もこれかなと胸がときめいたことであった。近くには松平定信の墓のある霊巌寺（白河一丁目）や紀伊国屋文左衛門の墓がある成等院（三好一丁目）がある。

善徳寺は曹洞宗の寺院である。幸い住職の西山道樹師にお会いすることができて、いろいろお話を伺った。越生の龍穏寺には数年前来られことがあるとのことで、小林卓苗師をよくご存じであった。さっそく墓地を案内していただき毛呂氏に関係するものを探したのであったが、残念ながらそれらしいものを発見することができなかった。何しろ寺が数回火災にあい中でも関東大震災によって決定的な打撃を受けたらしい。したがって、墓地なども大幅に改修され、寺の境内も大きく形を変えてしまったというお話であった。それでも、貴重な発見もあった。それは寛政譜にある旗本毛呂氏初代長敬の二男、毛呂源次郎恭成についてである。彼は「出家して深川善徳寺秀天が弟子となり、のち彼寺の住職」となり「天林」と号したという。この天林の名が歴代住職の墓に刻まれていたのである。本堂にもあげていただき歴住の位牌を見せていただいた。秀天が善徳寺三世、天林は四世の法統を継いだのであった。寛政譜の一部を証

明することができ、これだけでも大きな収穫であった。

さらに色々お話をうかがい寺を辞去したが、現在善徳寺の檀家で毛呂氏は一軒もないそうである。明治維新の混乱で江戸をすてざるをえなかったのであろうか。明治元年（一八六八）はもう百十四年も前のことである。善徳寺についたのは十時前であったが、すでに十一時をまわっていた。地下鉄東西線を日本橋で銀座線に乗り換え上野へ向かった。

二、旗本大谷木氏と下谷の龍谷寺

『新編武蔵風土記稿』入間郡大谷木村の条に旗本大谷木氏について次のような記述がある。「旧家者与兵衛、村の名主なり、大谷木を氏とす。系図は伝へざれど、今旗本の士大谷木吉之丞、及百人組の与力大谷木五郎右衛門等は、此家より出し者なりといへば、古き家なり、云々」実は旗本大谷木家には、もう一家あって幕末から明治期にかけて漢学者・随筆家として活躍した大谷木醇堂を出した大谷木藤左衛門家がそれである。

今回筆者が訪れたのは大谷木吉之丞（安左衛門）家の菩提寺下谷の龍谷寺である。

『寛政重修諸家譜』に「藤原氏　実頼流」とあり「家伝に先祖は毛呂を称し、後武蔵国大谷木に住し、大谷木と改むといふ。安左衛門季政大番与力をつとめ、元禄九年柳沢出羽守保明にあずけられ、其領地武蔵国川越にあり。季貞は其男なり。」とある。「新記」の吉之丞は、「寛

龍谷寺（東京都台東区東上野）

政譜」の四代季隆を指すものと思われる。この旗本大谷木家は「徳川実紀」にもしばしば登場している。それもかなりの要職で「西城奥右筆組頭」「天璋院様御広敷番之頭」「和宮様御広敷番之頭」「溶姫様御用人」「一橋殿物頭、歩兵差図役頭取」「西丸切手御門番之頭」などである。

地下鉄銀座線稲荷町駅についたのは、ちょうど昼時であった。駅前通りの蕎麦屋で昼食をすませる。ふたたび通りに出て少し行くと永昌寺があった。今は近代的な建物の寺であるが、あの講道館柔道の創始者嘉納治五郎が最初の道場を開いた所である。その永昌寺から道を隔てて反対側が目的地の龍谷寺であった。旗本大谷木氏の菩提寺である。駅から二、三分もかかるまい。まだ一時少し前であったので、門や本堂の写真を撮り、先に墓地を見せていただくことにした。中央奥の歴代住職の墓から順次、一つ一つ見て回ったが、大谷木氏の墓は一向に見つからない。ほとんど諦めかけた時、一番墓地の入口に近い列の隅に大きな墓石を見つけたのである。それはこの龍谷寺の墓地の中でも一番大きい感じがした。期待に胸をふくらませて近づいてみると、はたして二雁金の紋所が目に入った。「寛政譜」や武鑑にある幕臣大谷木氏の家紋である。そしてその下には大きな字で深く「大谷木氏墓」と刻まれていた。残念ながら中央右前角に大きなきずがあり、そこからひびが一周している。おそらく関東大震災か戦時中の空爆で二つに割れたのであろう。それにしても、よく残っていたものだと感謝しつつ深く一礼してカメラにおさめたのであった。

向かって右側に「奉第七世大谷木季隆君遺命　第八世季備建之　元治紀元歳次甲子春三月」とある。第七世季隆とは「寛政譜」では最後の当主、この墓を建てた季備は「季光公之碑」建立に協力した「大谷木備一郎」と同一人物であろうか。なお『吉川市史』資料編近世所収の戸張伝右衛門『慶應日記帳』（慶応四年〔一八六八〕）によれば、大谷木吉之丞（季備）は、同年十一月十日、陸軍奉行並歩兵奉行から壱番中隊の頭取に任命されている。この家最後の輝きであろう。

この大谷木氏は、毛呂顕季の次男大谷木秋綱を鼻祖とし、秋綱の曾孫大谷木与兵衛季昭を家祖と考えていたようである。

［大谷木吉之丞（安左衛門）家］

①季昭──②季長──③季政──④季貞──⑤季平──⑥季實──⑦季隆──⑧季備……

大谷木氏墓

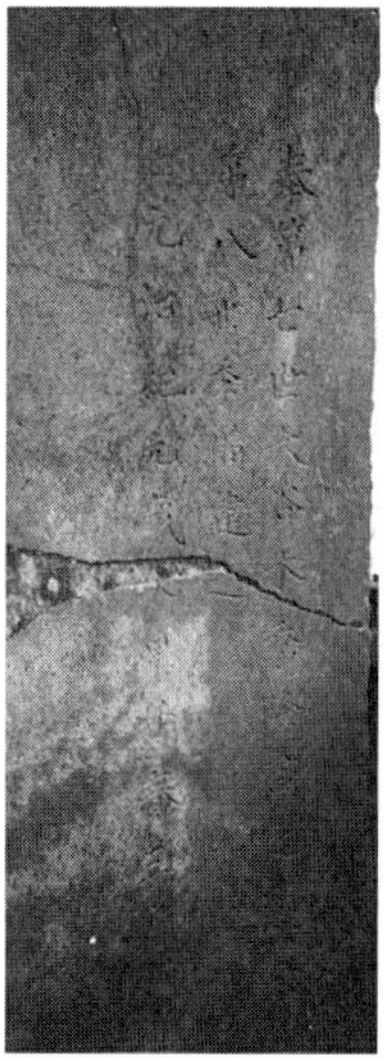
（同側面）

時間も一時半ちかくになったので庫裡に花井住職を、お訪ねしたがあいにく留守で住職のご母堂が対応して下さった。いろいろお話を伺ったが、やはり大谷木氏で今も檀家である方は一軒もないとのことであった。また、もう七十歳半ばになるが大谷木氏の子孫の方が寺を訪れた記憶も全くないという。明治も早い時期に、この寺と縁を絶ってしまったのだろうか。庫裡を辞去し、庭に出ると丁度花井師が法事から帰ってこられた。龍谷寺もやはり曹洞宗である。越生や龍穏寺についてよくご存じであった。大谷木氏が曹洞宗の寺を選んだのは、やはり毛呂氏の子孫であるという感を深くした。資料もあまりないが、大谷木氏に関することが見つかれば、知らせて下さるとのことであった。親切に感謝しつつ龍谷寺を後にし、帰りは上野駅まで歩いて山手線の人となった。

三、おわりに

下町に毛呂氏ゆかりの寺を訪ねて感じたことは、何といっても時の流れであった。善徳寺、龍谷寺ともかつては毛呂、大谷木両氏が筆頭檀家であった時代か長く続いていたに違いない。しかし、今はそのごく一部を証明する資料しか残されていないのである。両氏の子孫は、今どこへ行ってしまったのだろうか。明治維新は、彼らにはあまりにはげしい変革であったのだろう。せめて、知行取の旗本であれば、下川原村（現毛呂山町）地頭であった藤懸氏のように、その采地を頼ることもできた場合もあった。しかし、蔵米取の旗本には、それも許されず離散を余儀なくされたのである。現在、東京都の電話帳を見ると二十三区内に毛呂氏は、二十一軒、大谷木氏は七軒ある。これらの方の中に旗本毛呂氏、大谷木氏の子孫の方が、おられるであろうか。

【初出】「下町に毛呂氏ゆかりの寺を訪ねて」『あゆみ』第八号（昭和五十七年〔一九八二〕四月一日）

◆臥龍山両社再建の嘆願書と毛呂金三郎

江戸後期になっても毛呂郷旧領主の子孫旗本毛呂氏と毛呂村民は僅かながら繋がっていたようである。秩父出身の国学者斎藤義彦は、文政八年（一八二五）『臥龍山宮伝記』を書いて延喜式内社出雲伊波比神社が毛呂の臥龍山に祀られていたことを強く主張した。また義彦は、臥龍山神主紫藤岩吉を補佐して社殿を解体修理している。修理資金確保のため奉加帳を作って（版木が現存）広く近郷の農民から浄財を集めた。そればかりか毛呂郷知行の地頭所（旗本）や、かつての毛呂郷の領主であった毛呂氏の子孫毛呂金三郎へ寄付を願い出ている。やはり毛呂氏の子孫と言われる旗本大谷木辰太郎へも同様の嘆願書を送っている。堀込村（現毛呂山町毛呂本郷）の旧名主家にこれらの文書の写しが残っているので次ぎに取り上げてみよう。

奉謹言上口上之覚書

武蔵国入間郡毛呂郷前久保村臥龍山
神主紫藤岩吉幼年ニ付代斎藤義彦
奉申上候當山之儀者人皇十二代景行
天皇五拾三年出現為之大己貴命御
鎮座ニ而延喜神名式載入間郡五座並ニ

出雲乃伊波比神社是也其後人皇七拾
代後冷泉院之御時康平元年奉斎
八幡宮相殿八十二代後鳥羽天皇之
御時建久三年飛来大明神御鎮座其
外摂社末社二十四社為之従　往古
御建立所ニ而引続御建立御修復御座候
處猶又寛永年中従　御公儀様御材木
御寄付被為遊両社共登御紋附御免両
社共ニ相用来り申候其後慶安元年八月
為御社領一山守護職御不入地之外拾石之
地御朱印以戴郷中御綿々従　御地頭所
為御供米与累年被下置殊ニ享禄元年子年
當御屋敷様御先祖毛呂三河守藤原朝臣
顕繁公両社并摂社末社不残御造栄
被成下置則於　社前ニ天下泰平五穀豊
饒御武運長久御家門繁栄之精祈

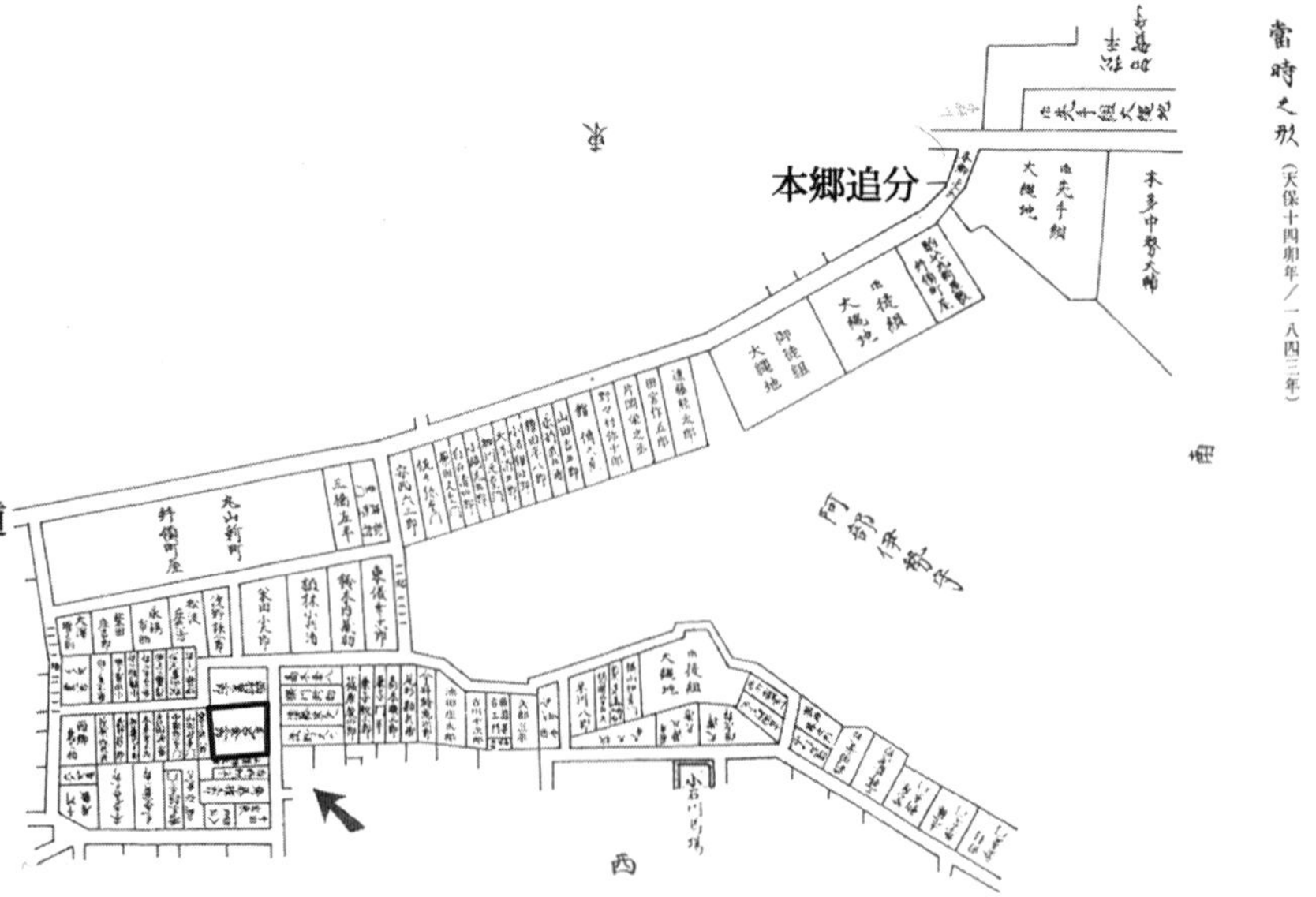

旗本毛呂金三郎の屋敷『江戸城下変遷絵図集』（原書房）より転載

抽丹誠に勤行仕被為候處然ルニ此度両
社并摂社末社悉々及大破無據去申ノ
十一月より再建相企候処自力ニ難相叶候間
御信心之御助成偏ニ奉願上候以上
文政八酉年七月　武蔵国入間郡毛呂郷
前久保村臥龍山神主
紫藤岩吉代
斎藤義彦
堀込村
名主伊太郎
毛呂金三郎様
御役人中様

斎藤義彦は言う。嘆願書を差し出す由縁は、享禄元年（一五二八）、毛呂金三郎様のご先祖毛呂三河守藤原朝臣顕繁公が臥龍山両社を御造営、様々な祈願をされた所であるから是非とも御信心の御助成をお願いしたいというのである。しかし、毛呂金三郎がこの寄付に応じたか否か

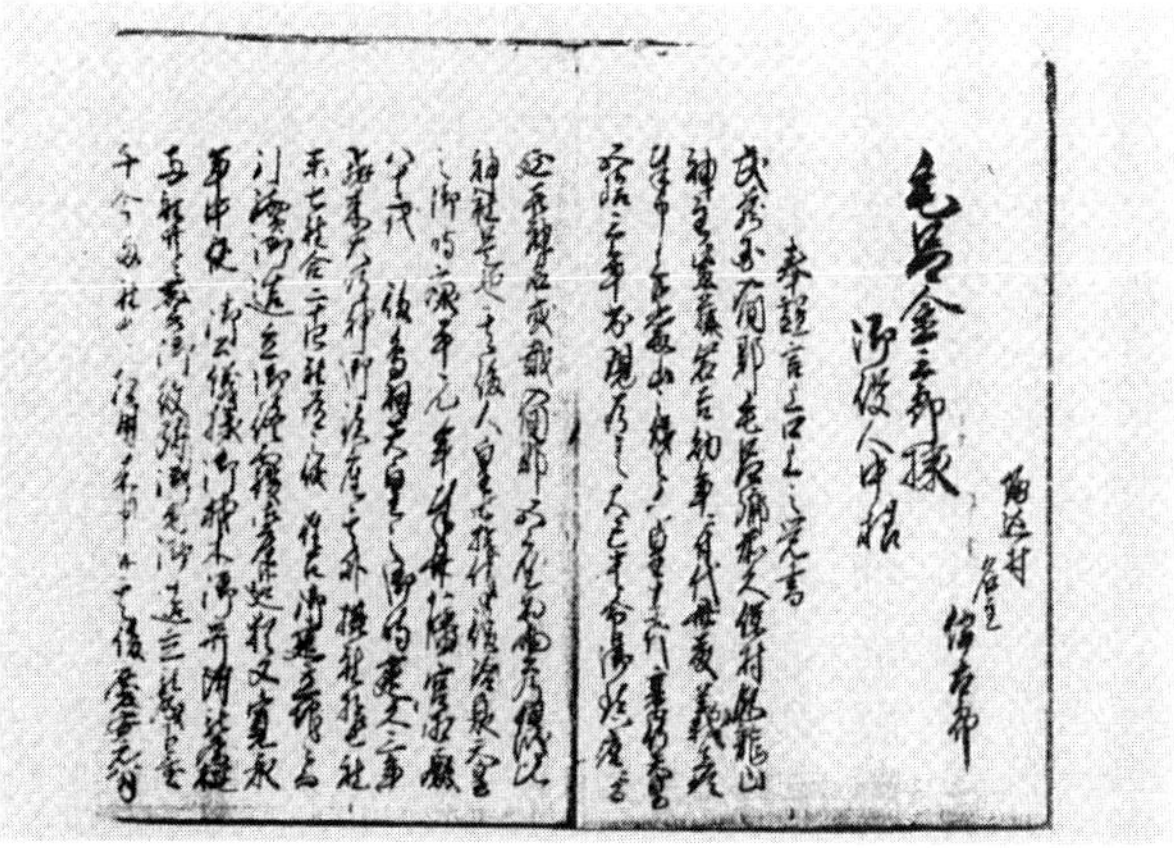

斎藤義彦の旗本毛呂金三郎宛、出雲伊波比神社修復の嘆願書
（個人蔵）

は今のところ分かっていない。

なお金三郎の父毛呂源五左衛門は、牛込軽子坂に屋敷があり浅草御蔵奉行（高二百俵）を勤めた。金三郎の子が毛呂芳三郎長由、父の死によって天保十四年（一八四三）七月二十九日、家督を相続している。役職は父金三郎と同じ小普請、その後嘉永元年（一八四八）大御番（五番組）、丑年（同六年、一八五三）四十一歳（高二百俵）、文久三年（一八六三）病気により小普請へ。元治元年（一八六四）四月九日、この日まで毛呂芳三郎の生存が確認できるが、その後の毛呂氏直系の消息は杳として分からない。

(二)毛呂長兵衛の事

一、榎本弥左衛門の寺子屋師匠

『榎本弥左衛門覚書』「三子より之覚」に寛永十二年(一六三五)、十一歳の時、手習いと謡いを始めた記事が見える。また、翌年には、その師匠毛呂長兵衛が亡くなったという。

同十弐年亥

一、拾壱才之時、毛呂長兵衛殿と申牢人へ、手ならいニ参候、并ニうたいをならい申ニ、うたいそこない候ヘハはづかしき也、此師匠手前成兼候間、父母ニかくし、薪を自身はこび、かうりよく仕候ヘハ、内義茶の湯木をもらい候と慶也、余り嬉しかり、ちやうぎニのせられ候ヘハ、心之中ニて腹たち申也

同十三年子

一、拾弐才之時、春中右長兵衛殿御遠行、ほつけ宗ニ而法名けらくいんさうじやうと申候、則

手本之うらに書付、ゑかう申、年寄たる時、物語ニ可仕と存候而覚書仕候事、此時より心がけ申候、同年ニ養寿院ノ脇りやう千慶院ニ而、又手ならい仕候（『川越市史』史料編近世Ⅱ）

『川越市史』第三巻近世編では、「毛呂長兵衛の素性は明らかでないが」とするが、この榎本弥左衛門の最初の師毛呂長兵衛とは、如何なる人物であったのだろうか。

二、川越喜多町の山田家

結論から述べると毛呂長兵衛は、川越市喜多町の山田家の先祖である。現当主山田潔氏のお話しによれば、江戸時代以来、吉見屋の屋号で肥料販売を生業としていたということである。たしかに山田屋彦兵衛、吉見屋九兵衛の名が、川越の史料に散見される。『川越市史』第四巻近代編の「明治五年喜多町戸籍による住民構成」にも「山田九兵衛・糠干鰯塩」とある。塩干鰯糠問屋仲間は、いわゆる川越十組仲間の六番組に属する。また、同氏によると山田家住宅の建築年代は、嘉永七年（一八五四）と古く、主屋・土蔵とも都市景観重要建築物の指定を受けているそうである。詳しくは川越市のホームページを参照されたい。さて、日記で榎本弥左衛門は、「此師匠手前成兼」つまり暮らしむきがままならなかったと述べているが、果たしてどうであろうか。天正十八年（一五九〇）の豊臣秀吉による小田原攻めで後北条氏が滅んで約半世紀（四十五年）、後北条氏に属した毛呂氏の子孫である毛呂長兵衛、たしかに生活はまだ苦しかったであろうが、かつての有力武将の子孫が裸一貫の素浪人であったとは思われない。一族の中には川越領主酒井忠勝に仕官していた者もいた。寛永十四年（一六三七）の小浜藩酒井忠勝家中分限帳を見ると百五十石毛呂忠右衛門の名がある。徐々に生活は回復していたはずである。少し時代は下るが、宝暦十二年（一七六二）の「武州入間郡川越北町宗門五人組人別改帳」によると長兵衛の子孫彦兵衛の持高は、十五石三斗八升二合八勺である。これは喜多町居住者四十三人中十番目の持高となる。百石以上の高持の三人とは比較にならないが、それでも川越近在の小村ともなれば、十五石の持高はトップクラスである。喜多町には耕作地は無いので、皆他村へ出作していたのである（『城下町川越の町人世界』川越市立博物館）。「茶の湯木」をもらったと喜ぶ長兵内義にしても「武士気質を失わない当時の浪人者の生活をしのぶことができる（『川越市史』第三巻近世編）ばかりでなく、実際長兵衛の寺子屋の教授科目の一つであったのではなかろうか。この時代の山田家は現在の反対側にあった。本町分から喜多町東側七軒目である。本町札の辻に屋敷のあった榎本弥左衛門の寺子屋師匠の家は目と鼻の先にあったのである。

現在の川越札の辻より喜多町方面を望む
（川越市元町）

三、山田家の遠祖は毛呂季光

川越喜多町山田家の遠祖は、鎌倉殿源頼朝の重臣毛呂季光である。今年の大河ドラマは「鎌倉殿の13人」であるが、毛呂季光はこれらの人々上をいく鎌倉御家人であった。鎌倉時代の歴史書『吾妻鏡』に季光は二十一回登場するが、その活躍の幾つかを上げてみよう。

一、毛呂季光は藤原氏であるが、源氏の門葉（一族）に准ずる待遇を受けた。
一、頼朝の御分国（知行国）の一つである豊後国の国司に推挙された。これは源氏以外では唯一である。
一、頼朝の武者行列（パレード）では、常に頼朝の身辺に供奉した。
一、奥州征伐の頼朝に随陣する。
一、鎌倉の大火に武蔵国より最前に馳せ参じた。まさに「いざ鎌倉」を実行する。
一、新造の鎌倉永福寺薬師堂の奉行人を勤める。

このように、川越毛呂山田氏は遠祖に輝かしい人物を戴いていたのである。

四、戦国時代の毛呂氏

頼朝没後しだいに勢力を失った毛呂氏であったが、戦国時代になると戦う武将として復活する。毛呂氏のように鎌倉時代の御家人の系譜を持つ国人領主（国衆）は、戦国大名からも一目置かれた存在であったのである。ところが、戦国毛呂氏は「毛呂に両派あり」（「太田道灌状」注）とあるように二派に分裂する。毛呂（現毛呂山町）に残り曹洞宗を信仰した毛呂三河守系と毛呂を出て安戸村・御堂村（現東秩父村）や松山町（現東松山市）を拠点とし、日蓮宗に帰依した毛呂土佐守系である。この土佐守は山内上杉氏や古河公方足利氏の与力として活躍した。この土佐守の妻と思われる人物が御堂の日蓮宗淨蓮寺過去帳に載っている。「経宗　毛呂土州（土佐守）内」で、天文十三年（一五四四）三月十四日の没である。また、年月未詳ながら椙山の陣以来山内上杉憲房を守って各地を転戦したことを古河公方足利高基から賞せられた毛呂土佐守（小浜酒井家文書）、さらに、川越夜戦の前年天文十四年、川越城を抱囲した古河公方足利晴氏に鷹一羽を献上した毛呂土佐守（小浜酒井家文書）もこの系統である。天正五（一五七七）・文禄五（一五九六）年、鎌倉妙本寺（日蓮宗）の大堂常什回向帳にも松山毛呂土佐守の子供二人の法名が見られる。有名な杉山城問題でも多くの研究者が毛呂本貫の毛呂土佐守と日蓮宗系毛呂土佐守を混同して解釈しているのである。日蓮宗系毛呂氏は、戦国時代の最終段階では、松山城主上田氏の客将のような存在であったと思われる。江戸時代明和四年（一七六七）頃の写しであるが、松山城下現在の松葉町三丁目付近に秩父口を固めるような地点に「茂呂太郎古城跡」の記載が見られる。川越山田氏はこの日蓮系毛呂氏の子孫にあたるのである。

五、毛呂長兵衛の事

天正十八年（一五九〇）の後北条氏の滅亡、徳川家康の江戸入城、武州松山城の廃城にともなって日蓮宗系毛呂氏は川越城下に移住したと思われる。

毛呂長兵衛は榎本弥左衛門覚書によれば、寛永十三年（一六三六）の「春中」に没したという。しかし、川越山田家の菩提寺日蓮宗行傳寺過去帳によれば、十六日の中中段に「宗淨　辰四　花厳院　毛呂長兵衛殿」とある。寛永年中の辰年は、五年と十七年だが覚書をふまえると十七年（一六四〇）とすべきであろう。寛永十七年四月十六日が、行傳寺過去帳による毛呂長兵衛の没年である。「三子より之覚」との四年の差はどう考えればよいのだろうか。日記は幼少時からの思い出を回想して記したようなので思い違いもあるであろう。「花厳院」を「けらくいん」と誤記している。やはり行傳寺過去帳の方がより信憑性が高いであろうか。ところで、毛呂長兵衛の過去帳記載箇所の中中段は大変地位の高いところである。たとえば川越夜戦で戦死した上杉朝定や難波田善銀もこの位置である。また、行傳寺の檀越とされる上田氏もほとんどがこの段である。また、朝定や善銀同様俗名に殿の一字を贈られている。過去帳の中で毛呂長兵衛は行傳寺にとって特別な存在なのである。

ここで、本題からはそれるが、行傳寺過去帳で気になる記載を指摘しておきたい。それは、十五日の上段にある「川越夜一戦討死七百余人」の記載である。年月の注は無いが、普通に考えれば天文六年（一五三七）七月十五日の扇谷上杉朝定が北条氏綱と三ツ木原（現狭山市）で戦って敗れ、川越城を奪われ難波田弾正が守る松山城へ逃げ込んだ時のものと考えられる。「川越夜戦」は、この天文六年の戦いではないかという説を推しておきたい。

話を本題に戻そう。実は毛呂長兵衛にはもう一つ重大な問題がある。それは山田家過去帳である。山田家過去帳は南無妙法蓮華経の表紙で始まり、初代より江戸期末まで九代（十一代）の当主の名などが記されている。

本名毛呂藤原姓　　☆注、（　）は筆者記

先祖　毛呂因幡守義春

二代　同　太郎　義勝

三代　同　土佐守義可

嫡子　同　澄五良義忠

二男　同　刀太良義種（四代）

毛呂改

四代　山田長兵衛義駒（五代）

秩父郡山田村山田主計母方名字

嫡子　山田藤兵衛義村

二男　山田彦兵衛義栄（六代）

同市郎右衛門義之

三男　同　三十良義房

彦兵衛嫡子

五代　同　彦兵衛義真（七代）

六代　同　平四郎義澄（八代）

七代　同　平左衛門宣義（九代）

八代　同　彦兵衛榮駒（十代）

九代　同　彦兵衛栄宣（十一代）

中では三代土佐守義可が最も著名である。例の古河公方足利高基や晴氏と関わった毛呂土佐守はこの人である。諱（実名）義可は、よしとき、よしあり、などと読む。毛呂に残った毛呂

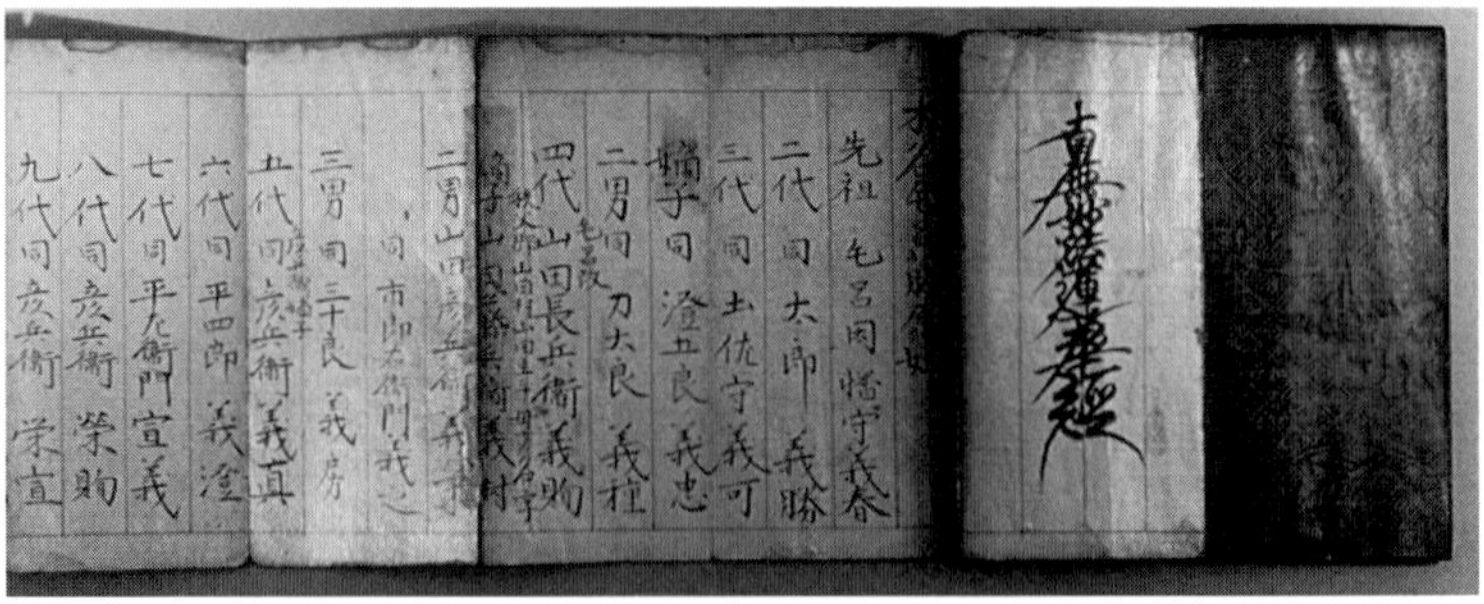

山田家過去帳

氏で土佐守の受領名を名乗った顕重やその子顕季とは全く別人である。

　四代山田長兵衛義昫が本稿の主人公毛呂長兵衛その人である。本来五代とすべきところで、実際過去帳本文では五代となっている。諱義昫の読みは、よしもとかよしかずであろう。行傳寺過去帳では俗名毛呂長兵衛と記されているが、山田家過去帳は長兵衛の代に山田と改めたという。山田の名字の由緒は母方の姓で、母は「秩父郡山田村山田主計」の女であったらしい。山田主計は「武州安戸住人山田伊賀守丹治政季三男也」（「毛呂山田系譜」毛呂山町長栄寺蔵）という。武蔵松山城主上田氏の有力家臣である安戸城主山田伊賀守直義は史上よく知られている。

行傳寺本堂（川越市末広町）

　山田家過去帳の毛呂長兵衛の記載は次のようになっている。

廿　　寛永辛未三月
六　長壽院法晴良久居士
日　五代　山田長兵衛義昫

寛永辛未は、八年（一六三一）で三月二十六日の没である。これで見ると長傳寺過去帳の「辰四」は寛永五年が近い。いずれにせよ『三子より之覚』『行傳寺過去帳』と合わせて毛呂長兵衛の没年は三つあることになる。法名も全く違うし、山田長兵衛として亡くなっている。山田家にとっては、自家の過去帳が絶対であろうが、この辺の謎が歴史の奥深さである。山田家先代の道明氏は、平成二十三年（二〇一一）八月改葬なった新しい墓地の墓誌の裏に次のように記している。

寛永八年（西暦一六三一）三月廿六日毛呂長兵衛なる者の名が行傳寺の古き過去帳に記されています　のちに母方の山田姓を名乗った当家の先祖です

江戸初期の日記に登場する一寺子屋師匠の一節にもこれだけのいろいろな背景があるのである。また、この山田家から出て小浜藩に仕えたの山田家の幕末の子孫で同藩書物奉行であった山田九太夫吉令《よしのり》は、川越山田家の幕末の当主山田九兵衛と交流したり、毛呂近辺の先祖歴史を盛んに調査しているが、別稿に譲りたい。

おわりに、山田家先代の道明氏には山田家過去帳や同家古文書の閲覧・複写、毛呂山町史料集『毛呂季光』への掲載をご許可頂き、行傳寺の古い山田家墓地にご案内して頂いたりした。もう三十年も前のことである。同氏は川越市内で長く教鞭を執られ、行傳寺総代を勤められたりしたが、飯田龍太門下の有名な俳人で俳誌「雲母」同人でもあった。俳号は先祖の名にちなんで毛呂刀太郎であった。句集に『檀』『花摘抄』などがある。

掌を合はす三世十方蝉しぐれ（墓誌）

本稿執筆にあたり山田家現当主潔氏には種々ご教示を賜り「川越の文化財」への投稿や資料掲載のご許可を頂いた。記して感謝申し上げます。また会長服部安行氏、理事水村圭子氏にもお世話になりました。お礼申し上げます。

《参考文献》

『新毛呂山町史』毛呂山町
『毛呂季光』毛呂山町教育委員会
『鎌倉御家人毛呂季光の活躍と末裔たち』毛呂山町歴史民俗資料館
『大田区史（資料編）寺社2』（行傳寺過去帳）東京都大田区

「浪人　毛呂長兵衛」岩田利雄『あゆみ』第十四号（毛呂山郷土史研究会）

「戦国時代の毛呂氏」内野勝裕『埼玉史談』第55巻第1号（埼玉県郷土文化会）

【初出】『川越の文化財』「毛呂長兵衛の事」第一四一号（令和四年〔二〇二二〕七月三十一日発行）

（三）全国に散った毛呂氏

◎末裔たちの活躍〜各地の毛呂氏〜

鎌倉御家人毛呂季光を先祖にもつ毛呂氏は、戦乱に明け暮れた戦国時代を生き抜き、江戸時代、旗本として活躍した。また、姓を変え、幕臣となった一族もあった。

毛呂山町以外でも毛呂氏が拠点としていた地域もみられ、残された系図などから、派生のようすがわかるものがある。

関東の深谷（埼玉県深谷市）、神崎（千葉県）は中世に遡る可能性があり、新田荘（群馬県太田市）では、戦国時代末期に江田氏の跡を引き継いだ毛呂氏が拠点としていた地域が確認できる。江戸時代後期の安永三年（一七四四）に『上野国志』を編纂した毛呂権蔵も新田荘の毛呂氏を祖としている。

江戸時代の明暦年間に新田荘から別れ、庄内地方（山形県）に移った毛呂氏は、幕末、出羽松山藩（山形県酒田市）の剣術指南役として活躍した毛呂太郎太夫正孝を輩出した。

京丹後市（京都府）の木津城跡は、中世毛呂氏が本拠とした山城と伝えられており、遺構が残されている。京都府宮津市、岩滝町、兵庫県新温泉町にも毛呂氏の拠点がある。

現在にまで至る西国毛呂氏の存在は、他の関東出身の武士にある中世期の西遷を想起させる。

◆旗本毛呂氏の系譜

毛呂顕季―長吉―長正―①長敬―②長恭＝③長季＝④長清―⑤長富―⑥金三郎―⑦芳三郎

（①長敬の子：②長恭、恭成（善徳寺住職）、長季）

（②長恭の子：長清）

江戸時代後期に編纂された『寛政重修諸家譜』記載の藤原実頼流の直系毛呂氏について、「太宰権帥季仲が後裔にして、入間郡毛呂に住せしより家号とす」とある。

家紋は上藤丸に三文字、月の丸、雁金、獅子の古文字

毛呂長敬　「神田の館に仕え、書院番より腰物奉行を経て納戸頭に転じ、延宝八年徳川綱吉に従い、御家人に列した」とある。俸禄米二百俵。元禄十五年（一七〇二）正月十二日没。江戸深川善徳寺に葬る。

毛呂長恭　長敬より家督を継ぐ。享保十年正月、二の丸に勤仕、後に西城組頭となる。享保十六年（一七三一）八月二日没。

毛呂長季　長敬の三男で、享保十年に家督を継ぐ。宝暦十年（一七六〇）五月二十五日没。

毛呂長清　長恭の二男で、享保十八年に家督を継ぐ。精勤が認められ賞与を受けている。寛政六年（一七九四）三月二十七日没。

毛呂長富　安永二年（一七七三）、徳川家治に謁見を許される。同七年七月に大番役、二十二歳で俸禄米二百表を与えられる。

毛呂金三郎　小普請

毛呂芳三郎　実名、長由。嘉永元年（一八四八）、大番役。

伝真福寺跡の毛呂氏（大谷木氏）の墓
戦国末期、大谷木に進出した毛呂氏の墓（右2基）とその子孫旗本大谷木氏の墓（左）である。

◆毛呂在郷の毛呂系一族

戦国時代末期、後北条氏方として大谷木に進出した毛呂氏のうち、顕季二男・顕綱、その子顕純は、八王子城の戦い以後、大谷木三河守と称し、現在の毛呂山町大谷木に土着した。近世になり、その一族からは旗本となり幕臣として活躍する一族もいた。

◆深谷毛呂氏

埼玉県北部の深谷市に毛呂一族の足跡を示す資料が残されている。現在確認できる資料は、主に江戸時代後期のものだが、中世に遡る可能性もあり、今後の研究課題でもある。

深谷市上野台の三叉路に建つ馬頭観世音（写真上）
写真左側に毛呂三左衛門の名が刻まれている（写真下）

◆新田荘系毛呂氏

現在の群馬県太田市世良田、新田荘上江田・中江田にも毛呂一族の拠点がある。古代の郡役所が置かれ、中世には新田荘と呼ばれる当地域の中心地でもあった。

同所は、関東平野の平坦な地形ですが、山地からの伏流水源が点在しており、肥沃な土地を経済の礎として、各時代の有力為政者が統治していたものと考えられる。

新田荘毛呂氏は、戦国期に親密な関係のあった江田氏の事績を継承する形で、当地域に根を降ろし、力をつけたようだ。

江田氏館跡（群馬県太田市新田上江田町）

中江田の「毛呂系図」によれば、「江田行義は新田義重・脇屋義助死後、江田に帰り、正平八年（一三五三）九月二十七日に卒す。江田の小池東南に葬る。」とある。また、時代は下って「江田義正（山城守重行）は毛呂季重の養子となり、天正年中に由良（横瀬）泰繁から中江田を領地し毛呂を名のある。兄弟である繁道が上江田へ、義保が世良田へ分住する」とある。

季光――季基――基綱――基親――季治――季重

義正〔中江田毛呂氏〕（重行）

繁道〔上江田毛呂氏〕（毛呂八夫家系図は繁行とある）

義保〔世良田毛呂氏〕

毛呂権蔵墓　写真中央（群馬県太田市世良田町）

◆世良田毛呂氏の末裔～郷土史学者毛呂権蔵～

世良田毛呂氏は、後に郷土史学の先駆者となる毛呂権蔵を輩出した。毛呂権蔵は、享保九年（一七二四）、世良田に生まれ、名を義郷という。

権蔵は、安永三年（一七七四）に、上野国全体を網羅した歴史地理書「上野国志」十五巻を著した。

「上野国志」は、約三十年の歳月をかけ古今の書籍にあたり、県内各地を歩き、土地の人々から聞き取り調査を行いまとめたもので、現在も高い評価を受けて

毛呂太郎太夫墓

出羽松山城（山形県酒田市松山地区）

いる。なお、「上野国志」稿本は、毛呂権蔵の自筆本になる。権蔵の墓は、世良田普門寺にあり、群馬県の指定文化財に指定されている。

子孫に漢学者で書画家でもあった毛呂桑陰がいる。

◆新田荘から出羽へ～出羽松山藩毛呂氏～

新田荘の系図には、江戸時代前期に新田荘から出羽松山藩へ出仕した様子がみられる。新田荘毛呂正春の四男正信が立藩間もない酒井忠恒の出羽松山藩へ出仕したことによる。

◎毛呂太郎太夫正孝

毛呂太郎太夫正孝は、出羽松山藩の剣術の使い手で、文武に秀で、二十七歳の若さで藩士に剣術を教授するほどの人物であった。戊辰戦争の際、秋田口に出陣、秋田長浜において敵陣に突入し戦死した。毛呂太郎太夫の墓碑は、菩提寺の心光寺（酒田市字北町）にある。

◆西国毛呂氏

西国にも毛呂氏の拠点がみられる。しかし、いずれも現在のところ出自の詳細は判然としない。丹後半島の京丹後市（京都府）にある木津城跡は、鎌倉時代末に毛呂氏が本拠とした山城と伝えられており、遺構が残されている。同じ丹後地方の京都府宮津市、岩滝町にも毛呂氏の事績があり、兵庫県新温泉町にも毛呂氏の拠点がある。

中世まで遡る可能性がある毛呂氏の居住地が西国にも存在することは、中世、西遷された東国武将の姿が想起される。

《参考文献》

『新田町誌』第一巻・通史編

『尾島町誌』通史編・上巻

第五章　「毛呂」あれこれ

(一)地名「もろ」とは

毛呂は神が降臨して宿る神聖なところ

地名「毛呂」の語源については、今まで諸説が行われているが、今一つしっくりしたものが無い。いずれも何処の町にでも通用する普通名詞や接頭語を語源としていて、全く毛呂山町の特徴と結び着かないのである。そこで、町名の由来の中心になった毛呂郷について考えてみよう。毛呂郷の地形の特徴は、何と言っても村の中央に聳える臥龍山の存在である。江戸時代の文政八年(一八二五)、秩父出身の国学者斎藤義彦によって書かれた『臥龍山宮伝記』によれば、臥龍山は「諸の氏子をひとめにみそなわす」山であるとしているが、むしろ毛呂郷全ての人々が朝な夕なに眺め見た山であった。古代人は、アニミズムすなわち、あらゆる現象・事物に精霊の存在を認めたが、臥龍山は古代毛呂郷の人々にとって神の降りくる山、たえず仰ぎ拝むべき神聖な山、「みもろ」であったのである。「みもろ」とは、小学館の『日本国語大辞典』によれば、「(「み」は接頭語)神が降臨して依り付くところ」である。当然、美称の接頭語を除いて「もろ」でも同じ意味である。また、『万葉ことば事典』(大和書房)も、「みもろ」は万葉集に二一例、

龍谷山頂より出雲伊波比神社のある臥龍山（中央）を望む。このような平地に小高い岡があるような地形が「モロ」である。

古事記に三例、日本書紀に七例の用例があるとし、「神の来臨する場所をさす言葉であり、神を祭る森林をさすことが多い」としている。地名の誕生には様々な要素が考えられるが、地形を由来とする地名は、その代表的なものである。分離丘陵「臥龍山」は、あまりに特徴的な地形であり、毛呂郷を象徴する山である。

　ところで、いち早くこの説を提唱されたのが町内在住の杢代清吉氏（「毛呂地名考」『あゆみ』第十号）である。すばらしい慧眼であり、是非一読をお薦めしたい。

　一方、万葉学者吉田金彦氏は、「毛呂」の地名にひかれて二度も来毛されているが、この度「毛呂山町の『毛呂』について」という一文をお寄せくださった。氏は中で、万葉集（巻十一―二五一二）の「うま酒の三毛侶乃山に立つ月の……」という奈良県桜井市の三輪山を詠んだ歌を引かれ、「毛呂―みもろ」説を展開しておられる。さらに同氏は沢山ある万葉仮名「モ」の中から「毛」の字を選んだのは最も馴染み易かったからであろうとされている。古代に現在の群馬県・栃木県を中心に栄えた「毛の国」（上毛野・下毛野）のように、「毛」の字は昔の国名にまで使われたというのである。

このようにみてくると、現在の毛呂山町という町名に含まれる「毛呂」という地名は歴史的にも古く、奈良時代に逆上る可能性があり、その語源も町民にとって極めて誇らしい意味を持つものであったことが分かる。

なお、「毛呂山」という地名は昭和十四年（一九五九）の毛呂村と山根村の合併以前、はるか戦国時代に初出をみる。天文六年（一五三七）北条氏綱が上杉朝定の河越城を攻略した時の合戦を描いた『河越記』に「毛呂山は左にあたりてかすかなり」とある。「毛呂山」は中世の東国人にとっても、大和の三輪山のような存在であったと考えられる。

【初出】『広報もろやま』（平成二七年〔二〇一五〕十月一日号）

◆関東地方にある毛呂（茂呂）の地名等

①入間郡毛呂山町の毛呂郷（毛呂村）

毛呂郷の中央には分離丘陵臥龍山があり、出雲伊波比神社が鎮座する。

『吾妻鏡』治承四年（一一八〇）の条に「毛呂冠者季光」の名がある。

文明七年（一四七五）の阿諏訪村の中山薬師堂懸仏の銘文に「毛呂郷中山薬師如来」とある。

文明十七年（一四八五）の『米良文書』旦那売券に「武蔵国もろ・おこせ」とある。

『武蔵田園簿』（慶安三年（一六五〇）頃成）に、同人（高室喜三郎）御代官所「毛呂村　高千百六拾弐石七斗六升」とある。

②坂戸市成願寺毛呂分

『新編武蔵風土記稿』成願寺村の条の小名に「毛呂分」とあり、「郡内毛呂郷に住し、毛呂一族など領せし事ありて、かく唱るも知るべからず」と説明がある。

③比企郡鳩山町熊井毛呂神社

熊井の中央南部の丘陵上に鎮座する。戦国時代、毛呂氏の砦があったと言う人もいる。近くに住む根岸氏は毛呂氏の子孫と伝える。

毛呂村絵図（斎藤鶴磯『武蔵野夜話』より）

④秩父市久那毛呂

大野玄鶴著「秩父志」久那村の条に「此村ノ内ニ平沢毛呂ト云フ所アリ陥窪ノ所ニシテ大宮町ヨリ三峰山大日向山ヘノ通路ナリ」「室山城ハ毛呂ニアリ」などとあり、絵図「字毛呂」を載せる。現在の秩父鉄道浦山口駅付近。旧荒川村。

⑤東京都板橋区毛呂

『新編武蔵風土記稿』上板橋村の条の小名に「毛呂」とあり、「【小田原役帳】に板橋内毛呂分とあるは是なり」とある。なお、これは『小田原衆所領役帳』の、「七貫文　江戸板橋内毛呂分　板橋又太郎」の記載をさす。現在は、石神井川を臨む標高約三五㍍の通称オセド山とよばれる独立丘陵上にある先土器時代の茂呂遺跡として有名。板橋区小茂根（昭和四〇年小山町・茂呂町・根ノ上町が合併）五丁目付近。

⑥東京都江戸川区長島町茂呂神社

『新編武蔵風土記稿』葛飾郡長島村の条に「茂呂神社」とあり、「村内の鎮守とす、祭神香取太神宮なり、茂呂と号せる謂を伝えず、本地仏十一面観音を安ず、自性院持、末社龍神宮三峯権現　金毘羅」とある。」

⑦千葉県千葉市茂呂

村田川中流の台地に位置する茂呂地区に小高くこんもりとした山がある。その山頂に御霊神社を祭る。この付近には、平将門主従が落ちのびたという伝承がある。茂呂村は、江戸前期室村とも書いた。昭和三〇年（一九五五）には千葉市茂呂町を称した。

⑧千葉県船橋市茂呂神社

船橋の丘陵上に茂呂神社がある。現在の東船橋7丁目である。

⑨千葉県流山市三輪野山茂侶神社

流山駅北方の丘陵地に三輪野山がある。丘陵地の突端に下総国（葛飾郡）の式内社茂侶神社が祭られている。『三代実録』に貞観十三年（八七一）十一月十一日、従五位下茂侶神に従五位上の神階を授けるとある。神社の背後に「茂呂下」という字名も残る。

⑩群馬県伊勢崎市茂呂町

茂呂町は伊勢崎市の南東、広瀬川の左岸、北から南へ傾斜する洪積台地上に位置する。こんもりとした上野山があり、山頂に飯福神社を祭る。地名は『和名抄』佐位郡八郷の一つ。「美侶郷」あるいは、「美母侶神」にちなむという。

⑪栃木県鹿沼市茂呂

鹿沼市街地から南東に三㎞、黒川左岸の洪積台地上にある標高一九三mの小高い山が茂呂山と呼ばれてている。南斜面に高霊神社を祭る。江戸期～明治二二年（一八八九）茂呂村。

⑫栃木県下都賀郡岩舟町茂呂
江戸期～明治九年（一八七六）の村名。岩舟山南側の台地上、渡瀬川支流蓮花川上流に位置する。茂呂地区には富士山があり、山頂に浅間神社を祭る。栃木県『藤岡町史』（資料編古代・中世）の表紙カバーの絵図に見える「茂呂山」は、この山のことと言う。

⑬茨城県結城市東茂呂・北南茂呂
下郷台地北西部西仁連川（江川）の左岸に位置する。茂侶郷は、『和名抄』に下総国結城郡五郷の一つとして見える。中世には「毛呂郷」（西毛呂郷）として、金沢文庫文書に元亨元年（一三二一）四月五日より永享十一年（一四三九）二月まで九点の「毛呂郷」（下総国結城郡下方内毛呂郷）に関する文書が現存する。

⑭茨城県古河市三和町毛呂河（諸川）
結城市の毛呂郷に接する。旧飯沼跡北部西岸の台地上に位置する。中世「毛呂河」と書いた

が、現在は「諸川」と表記する。

⑮茨城県美浦村茂呂

常陸国信太郡のうち。霞ケ浦の南、稲敷台地の北部に位置する。江戸期～明治二二年（一八八九）は「茂呂村」、昭和三〇年（一九五五）から美浦村の大字。

まだまだ全国には多くの「モロ」があるのではないかと考えられる。

《参考文献》

杢代清吉「毛呂地名考」『あゆみ』第十号（毛呂山郷土史研究会）
『藤岡町史』（栃木県）『三和町史』（茨城県）『新編武蔵風土記稿』（雄山閣）『角川日本地名大辞典』（角川書店）『國史大辭典』（吉川弘文館）

(二)「毛呂記録」と毛呂記録からわかること

毛呂記録

一先年より毛呂領氏神臥龍山宇佐八幡宮御朱印拾石之事①。神主者紫藤蔵人吉田之御支配ニ而②木曽殿御内大部坊角命願書有之。毛呂六分者先規より壱ケ村之御田地壱筆交に入合申候③ニ付先年文禄年中竹川監物殿御検地御水帳壱冊ニ而④宿者本宿ニ而宮之市与申六歳之市立来り申候。⑤依之八幡宮之祭禮之的人者先年より六ケ村ニ而勤来り宿者乗り来り不申候。⑥大明神者毛呂土佐殿御知行所之節（注、建久二年九月廿八日）高山より御飛神飛来り大明神ニ毛呂殿奉祝置候⑦。然ル間祭禮之節高山より寺社参り七五三おろし相勤申候。萩的人者七分ニ而年々勤来り申候⑧。右六分の訳之儀者文禄年中之御水帳ニ茂六冊之内ニ御座候。其以後市川孫左衛門殿⑨御支配之時山根惣百姓八王子水夫多年六拾歳以下拾五才以上男之分者毎日役ニ罷越候而殊に村々御傳馬役之儀者村々女子馬之口を取り御手代衆跡乗り小荷駄遊女亦者奥女中之傳馬迄相勤申候。平沢村より葛貫小田谷毛呂宿今市村ケ切ケ継

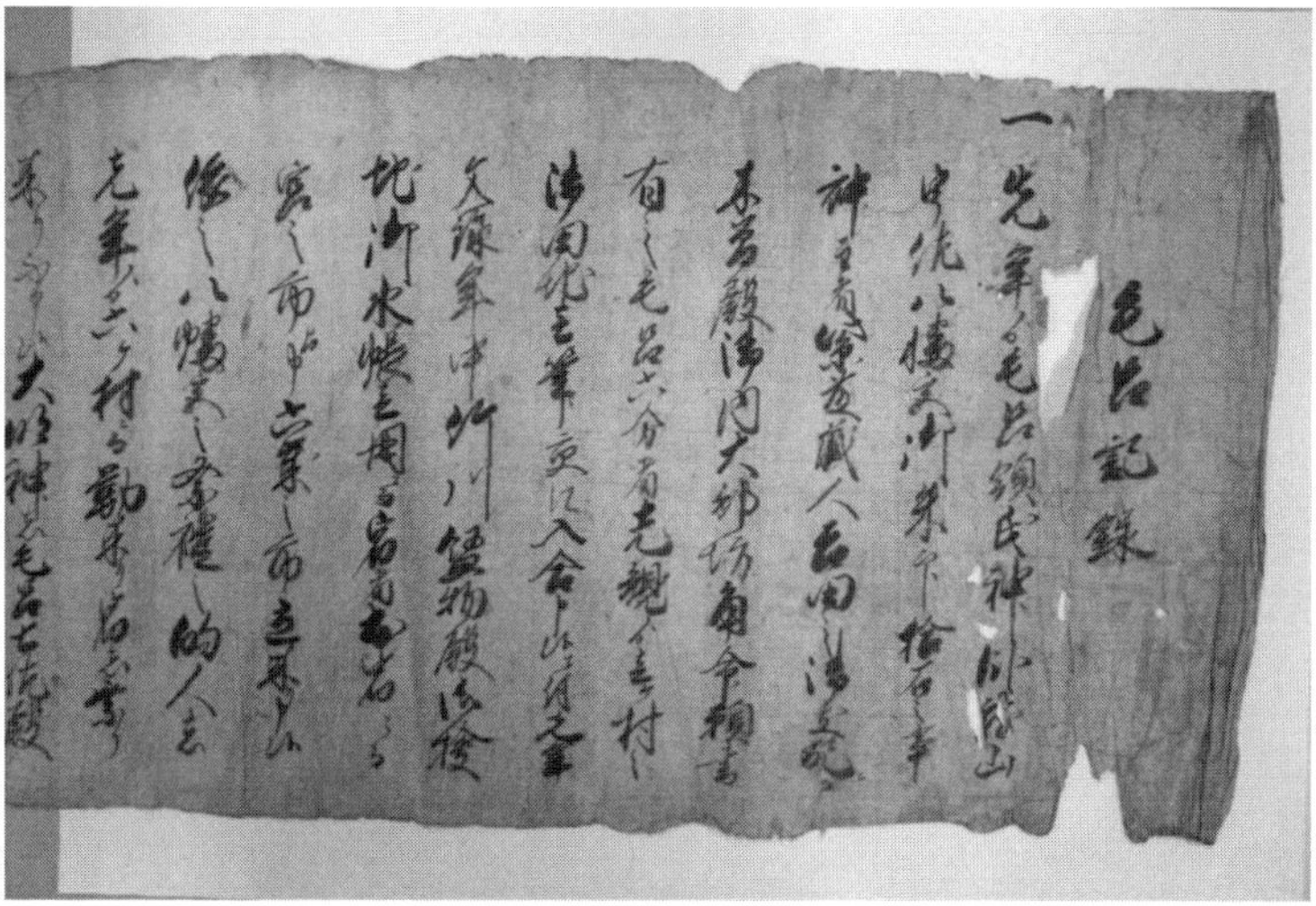

「毛呂記録」(冒頭)
出雲伊波比神社が所蔵する近世文書で毛呂郷の様々な伝承が記されている

ケ段々請取相勤候処山根百姓中者多者御田地ヲ捨而方々江逃行御伝馬之儀相勤申候者無御座候⑩ニ付山根惣百姓相談之上高麗領高氏長吉毛呂領馬場村伊氏佐左衛門同領小氏慈光坊平山村内野氏惣右衛門津久根邑中氏佐右衛門以上五人ニ而江戸御評定所江罷出御訴訟仕候得共一圖御取上ケ無之迷惑ニ奉存候⑪。御老伊様方江御籠附四ケ年之内在所江不罷帰詰切ニ御乗物ニ付候而御訴訟申候⑫得共御評定所江被御召出候而八王子御用木千本被仰付候所四千本御伐被遊候由ニ而段々御詮議之上市川孫左衛門殿御切腹被仰付其砌り伊奈半十郎殿御代官領被仰付竹川監物殿御検地被成候。文禄年中之御水帳ニ毛呂六分者御引替り壱冊宛ニ而被下置候⑬。

慶安子ノ年之御水帳茂壱冊ニ而長瀬邑亀氏之三右衛門⑭持来り申候。是者平山村之村田作右衛門内野惣右衛門御田地之出入有之候⑮処七分斗御検地請申候。其以後寛文年中成瀬八左衛門殿御検地⑯田畑壱筆毎ニ有之候ニ付御水帳壱冊ニ而高千四百五拾三石六斗壱合之内毛呂七カ村与分ケ被成候⑰。其以後高室四郎左衛門殿御支配之時御公儀様御用之筋之儀御不自由与被仰付候而毛呂七ケ村与御定メ寛文年中也。御水帳者是ヒ壱冊ニ而毛呂下氏之三右衛門⑱持来置候。以上。

本書

延宝元年

丑ノ三月写之者也。

右木曽義仲公御内大部坊角命之儀平治大乱之砌り⑲為ニ主人之大願書仕候⑳由尤角命事義仲公之伯父ニ而義仲公砌り年頃盛立候知仁兼備之勇士なり。

嘉永三庚戌年迄ニ六百五拾一年ニ相成候。

九月吉日写者也。

はじめに

「毛呂記録」は、出雲伊波比神社に伝わる古文書（記録）の一つである。毛呂記録は、小田谷の長栄寺に異本「毛呂記録之事」が伝わっていたが寺の火災で焼失した（複写本が残る）。また、町内の旧家にも「毛呂昔物語り」等の名称でいくつか写しが残されている。内容は、まさに毛呂郷に伝わる古い記録である。成立は、内容に照らして奥書にある延宝元年（一六七三）三月と考えてよいであろう。出雲伊波比神社の写しは、嘉永三年（一八五〇）九月の写しである。ちなみに、長栄寺本は、嘉永四年正月十八日の写し、毛呂山町歴史民俗資料館蔵の大谷木輝久家文書の「毛呂昔物語り」は、天保六年（一八三五）正月二十二日に、大谷木村大谷木政之助が写している。

「毛呂記録」からわかること

毛呂記録は大変難解な文章で不明なことが多いが、分かることだけ述べてみたい。

①現在の出雲伊波比神社は、毛呂氏が領主であった時代、その名称は、「臥龍山宇佐八幡宮」であった。また、江戸時代になってからも社領十石の朱印状は、八幡宮に与えられたものであった。

②神主紫藤蔵人の現存最古の記録は、元禄十五年（一七〇二）三月の「神社人別明細書上」

である。これ以前、中世の社家の記録に毛呂神主として「天宿神主」とある（注）。享保二年（一七一七）の紫藤秀定に対する吉田（卜部）家の神道裁許状が伝わる。

③毛呂氏領主時代の毛呂郷は一村であったが、大まかに六分割されていたのであろう。

④竹川監物。生没年未詳。代官大久保長安の配下として各地の検地役人を勤めた。文禄年中（一五九二―九五）御水帳（検地帳）は一冊であった。

⑤宿は本宿で宮之市という六歳市が立った。

⑥八幡宮の流鏑馬は古来六ケ村（六分）が勤め、毛呂宿は乗ることがなかった（この風習は明治まで続いた）。

⑦高山からの飛神を飛来大明神として祭ったの毛呂土佐殿ではなく、毛呂豊後守季光である。開基は注にある建久二年九月二十八日ではなく、建久三年（一一九二）九月二十九日（「臥龍山宮伝記」他）とみるべきであろう。

⑧「萩的人」とは、今日の秋の流鏑馬である。毛呂宿を含む毛呂七分（後七ケ村）で奉納していたのである。八幡宮の流鏑馬と共に毛呂郷一村時代も現在と似たような形態の奉納であったと考えられる。神前のしめ縄張りは、建久年中以来秩父郡高山村の花光の役目であった（「神社人別明細書上」他）。

⑨市川孫右衛門の誤り。市川孫右衛門は八王子を拠点にした関東十八代官の一人。毛呂郷は

市川孫右衛門の管轄であった。寛永十年（一六三三）の市川孫右衛門花押のある「武州山根毛呂の神主望申候材木の書立」の文書があり『毛呂山町史』に詳しい。

⑩江戸初期、山根百姓中は、様々な夫役に苦しんだらしい。中でも伝馬役は大変な負担で他領に逃亡する（逃散）者が大勢出て伝馬役が勤まらなくなったというのである。

⑪山根惣百姓の代表として五人の者が江戸評定所へ惨状を訴え出たが一向に取り上げられなかったという。五人の者とは、高麗村の高麗長吉、馬場村の伊藤佐左衛門、同小川慈光坊、平山村の内野惣右衛門、津久根村の中佐右衛門である。ちなみに内野惣右衛門は、万治四年（一六六一）正月四日の没である（長栄寺過去帳）。

⑫「御老井様」は、長栄寺本・大谷木家本にある「御老中様」の誤りか。山根惣百姓の代表者達は四年間、江戸に詰通し老中の登城する駕籠を待ち受け訴状を提出したのである（越訴）。越訴は一般的に厳罰のイメージがあるが、『山川日本史小辞典』によれば「幕府は越訴の訴状は受理しないことを原則とし、不当な訴訟方法であるとしたが、重い刑罰に処すことはなかったため、半合法的な訴訟方法として定着した」という。

余談になるが、筆者の生家では、正月に門松を立てない。端午の節句に鯉幟を上げないという仕来りがあった。子供心に非常に惨めな思いとともに何故だろうという疑問があったが、この毛呂記録にある内野惣右衛門が四年も江戸から帰ることができなかったため、正月も節句も祝うことを自粛したためであるという（小川喜内氏談）。

⑬結果的にこの越訴は成功し、市川孫右衛門は切腹、替わって伊奈半十郎（忠治）に代官が交替となったという。伊奈半十郎忠治は承応二年（一六五三）の没。この山根伝馬訴訟は、寛永十年（一六三三）以降、慶安元年（一六四八）までの出来事と考えられる。

⑭亀井三右衛門。

⑮小浜市立図書館「酒井家文庫」に小浜藩書物奉行山田九太夫吉令（川越毛呂氏の子孫）が書いた「毛呂郷村方之者共申伝等之説」がある。これに「平山村に村田内野と申もの有之何も毛呂家来筋之由」とあり、平山堀ノ内の東郭に村田氏、堀ノ内の西郭に内野氏が居住していた。この両者の田地争いである。

⑯寛文八年（一六六八）の検地。

⑰寛文十二年（一六七二）毛呂郷は七ケ村に分村する。

⑱下田三右衛門。

⑲治承の大乱というべきであろう。

⑳『平家物語』巻七「願書」に木曽義仲が八幡神社に祈り、願書を奉納して吉兆を得る話を載せる。同書では大夫房覚明と表記する。覚明の願書は出雲伊波比神社に現存しない。

おわりに

毛呂臥龍山八幡宮は、貞享四年（一六八七）十一月、藤田理兵衛によって出版された地誌『江戸鹿子』に「武蔵国神社」として「同（八幡社）同（武州）毛呂村社領十一石」とあるのを見ても相当由緒ある神社であったことが分かる。『臥龍山宮伝記』が八幡宮の創建を康平元年（一〇五八）とするのは作者斎藤義彦が、鶴岡八幡宮（康平六年勧請）より古いと強調したかったのであろう。八幡宮の流鏑馬がここまでさかのぼるというのは、当然伝承の域を出ない。一方、飛来大明神は神主紫藤蔵人が「当社開基建久年中」と報告（「神社人別明細書上」）しているように建久三年の創建とみて間違いないであろう。現在の秋の流鏑馬がこの年から始まったとみるのは、かなり確実な歴史と言ってよく、「毛呂殿」つまり毛呂季光が奉納したのである。また、毛呂郷一村時代の流鏑馬について述べたものは無いが、毛呂宿と大まかに六分に分かれていて（毛呂七分）、現在とあまり変わらない流鏑馬が奉納されていたのではないかと想像する。

この記録の中でとにかく寛永の伝馬訴訟は、毛呂郷にとってかなり強烈な出来事であったのであろう。中核をなす記事である。

（注）天文六年（一五四七）十一月十九日「六所宮祭事ニ付参集覚写」日高市野々宮文書

《参考文献》

『毛呂の流鏑馬』埼玉県立民俗文化センター
『毛呂季光』（毛呂山町史料集第３集）毛呂山町教育委員会
『出雲伊波比神社』さきたま文庫・内野勝裕

桂木寺旧景（紫藤写真館撮影）
左下に桂木寺本堂と庫裏、右上に桂木観音堂と仁王門が見える。
手前は一面麦畑である。

(三)毛呂氏の仏教信仰

毛呂山町大字滝ノ入、高福寺の阿弥陀如来坐像（県指定文化財）が毛呂五郎入道蓮光など御家人毛呂氏による注文によって造立された可能性が高いことは既に述べた。そればかりか毛呂氏の仏教信仰はさらにさかのぼると考えられる。

小田谷、長栄寺開山の節庵良筠和尚が天文十二年（一五四三）に著した『長昌山龍穏寺境地因縁記』（長栄寺旧蔵）という本によれば、毛呂氏来住の伝承記事に続いて「なかんずく、大峰・桂木・多武峰・泉井・堂沢・比企・宝珠とて七所観音の霊場あり。」とある。桂木山をはじめ、これら毛呂郷近在の仏在所は、鎌倉御家人毛呂氏が手厚く保護した信仰の聖地であったようである。

桂木観音の
千手観音立像（滝ノ入）

桂木寺本尊
もとは薬師如来坐像であった（滝ノ入）

桂木山には、桂木寺（本堂）と観音堂（桂木観音）及び仁王門が今も存在する。桂木寺には古く本尊として薬師如来が祭られていた。おそらく密教系の寺院であったと考えられる。寛文八年（一六六八）の瀧入村検地帳を見ると、桂木寺所持の田六畝拾弐歩が「薬師免」となっている。すなわち、桂木寺は本尊薬師如来によって田一筆の年貢が免除されていたのである。したがって少なくとも寛文八年までは、桂木寺の本尊様は薬師如来であったことが分かる。この仏像は古く平安初期をやや過ぎた十世紀後半の作とみられている。

ところが、桂木寺が龍ケ谷村龍穏寺末となり曹洞宗に改宗されると薬師如来の左手から薬壷が取り払われ、釈迦如来として生まれかわったのである。『新編武蔵風土記稿』に「本尊釈迦を安置せり」とある。

観音堂には今も千手観音が祭られている。かなり痛んでいるが古色蒼然として風格を感じさせる。伝説によれば養老三年（七一九）行基の作（『新編武蔵風土記稿』他）とされるが、実際は十一世紀後半頃の作とされている。両像とも毛呂季光が毛呂郷に来住した十二世紀後半よりかなり古い造立であるが、両像を桂木山に安置したのは毛呂氏であった可能性が高い。なぜなら仏像は動くものだからである。これだけの優品を勧進した経済力は毛呂氏以外に考えられないのである。

　阿諏訪の中山薬師堂には三面の懸仏（毛呂山町指定文化財）が伝わっている。このうちの一面の表に「奉懸毛呂郷中山薬師如来　御宝前御正体一枚　越大工道通」裏に「文明七年乙未　十月十八日」と刻まれている。越大工は現在の鳩山町小用あたりにいた鋳物師集団である。文明七年（一四七五）は、毛呂三河守の時代（毛呂顕繁の青年時代）、阿諏訪の最奥中山地区まで毛呂氏の支配が及んでいた証しである。

中山薬師堂の懸仏

　時代は少し下って、毛呂合戦に敗れた毛呂顕繁は、翌年の大永五年（一五二五）毛呂城跡に長栄寺を建立したとされている（『新編武蔵風土記稿』他）。開山は龍穏寺七世の節庵良筠である。現在長栄寺の本尊は拈華釈迦如来坐像であるが、台座に胎内仏が

長栄寺胎内仏（釈迦如来坐像・像高 23.0 ｃｍ／岡野恵二氏『毛呂山町の寺を訪ねて』より転載）

納められている。この胎内仏こそ長栄寺開基当初の像であると伝えられている。おそらく一田幻世庵主（毛呂顕繁）の念持仏であったろう。像高二三㎝の小さな釈迦像である。

長栄寺を開いた毛呂顕繁の妻以三妙玄大姉も毛呂本郷に一寺を建立している。両宮山妙玄寺と言う。天文二年（一五三三）の開創である。長栄寺末。本尊は、やはり拈華釈迦如来坐像で江戸初期の製作とされる。妙玄寺には本尊の他に江戸中期の造像と考えられる十一面観音菩薩坐像も安置されている。この像は極めて緻密精彩に作られていて、しかも像体底部に内刳りがあり内部は金箔仕上げとなっている。この中に小さな金銅仏が納められていた。この胎内仏も十一面観音で像高わずか三．五㎝という小像である。想像を逞しくすれば、以三妙玄大姉が肌身離さず拝み続けた持仏だったのではなかろうか。

毛呂顕繁が大永八年（一五二八）、氏神飛来大明神（現出雲伊波比神社本殿・重要文化財）を再建したことはよく知られているが、毛呂氏の仏教信仰も並々ならぬものがあったのである。

毛呂氏による中世を代表する宗教遺産を再確認してみた。

両宮山妙玄寺本堂（毛呂本郷）

妙玄寺の木造十一面観音坐像（写真上）
と付胎内仏（写真下）

（四）長瀬原の合戦

毛呂郷の南東の一角に長瀬という所がある。寛文十二年（一六七二）に毛呂郷が分村されたとき、長瀬村として独立した。その後天領などを経て、宝永七年（一七一〇）旗本久貝氏の知行地となり、以後世襲して明治に至った。

ところで、中世この長瀬の地で、長瀬合戦とも呼ぶべき大きな戦いがあったことは、ほとんど知られていない。また、その古戦場の地は長瀬のどのあたりであったか全く分からないが、現在の武州長瀬駅付近ではなかろうか。駅付近一帯は大きな原が広がっていたからである。『坂戸市史』（中世史料編Ⅰ）「後北条氏の領国形成」から引用してみよう。

（年未詳）九月十五日

「太田資正、長瀬に於いて江戸衆を討取った平岡孫六に感状を与える。」として、「武州文書」（国立公文書館、内閣文庫所蔵）を載せる。

今度於長瀬、江戸衆打捕候、乍不始義、心地好迄候、猶以可被相挊（弄）義、

管（肝）要候、恐々謹言

九月十五日　　　　　　資正（花押）

平岡孫六殿

〔補註〕として「長瀬…毛呂山町長瀬付近。」とある。たしかに北武蔵（今日の埼玉県域）に「長瀬」という地名は他に見当たらず、妥当な見解であろう。東武鉄道越生線武州長瀬駅周辺を中心に長瀬原とでも呼ぶべき広大な原が広がっていたと考えられる。今も武州長瀬駅の西側スーパーマーケット、ヤオコー付近に上原、その南越生線と武蔵野霊園通りの間に中原、越生線の東側第二団地南には下原の小字が今も残っている。

この感状の発給者は、言うまでもなく武州岩付城主太田三楽斎資正である。感状を受けた平岡孫六は資正の有力家臣の一人と思われる。茂木和平著『埼玉苗字辞典』によれば、平岡氏は足立郡原村（現川口市）の旧家で（『新編武蔵風土記稿』）、その祖平岡孫六郎義行は永禄の頃、下総国小金の城主高城下野守胤辰に仕えて同国葛飾郡矢切村を領したという。その後太田三楽の家人となる。平岡家文書には「太田三楽斎資正は、家臣平岡孫六の長瀬における戦功を賞す。」とあるという。岩槻落城後原村へ帰農したとする。『角川地名大辞典』にも、ほぼ同様の記載がある。

続いて解説を見てみよう。次のようにある。

〔解説〕この長瀬合戦を、松山城を包囲中の江戸衆と行われたものとすると、年次未詳であるが、永禄四年（一五六一）頃のものである。

『太田資正と戦国武州大乱』（中世太田領研究会）も同じ見解を述べている。

「史料上、北条氏による資正の支配領域への進撃は、永禄四年（一五六一）秋から行われたことが確認される。九月には、北条陣営の江戸衆が、武蔵国長瀬（埼玉県毛呂山町）で資正勢と合戦に及んでいる」とある。

武州松山城遠景（吉見町字城山）

しかし同年九月六日には、北条勢が松山城攻めのため小代・高坂に布陣し岩殿山の七堂伽藍を焼き払っている。北条氏政は三田氏の辛垣山城を落とし青梅から三田氏を追い、勢いに乗って高坂まで迫っていたのである。資正勢に松山から高坂より遠い（南の）長瀬を攻撃できる余力があったであろうか。この時平岡孫六が手柄をたてたことができたとすれば、北条勢の背後を突いたか、東部方面から長くのびた軍勢の側面を急襲したかである。

長瀬の西側には北条方の中心メンバーの一人毛呂顕季がいたので西部方面からの攻撃は不可能であった。

一方、長瀬原の合戦で平岡孫六に討ち取られた江戸衆とは誰であったのだろうか。永禄二年（一五五九）北条氏康によって作成された家臣団の『所領役帳』の江戸衆を見てみよう。江戸衆で長瀬に比較的近い所を知行していた人物は、

遠山丹波守　　五貫文　　入西郡　苦林
伊丹右衛門大夫　拾九貫百卌弐文　入西郡　勝之内大宮

他に勝之内石井村を知行した豹徳軒、高萩の大森殿、高麗郡大谷沢の山下治部少輔、高麗郡笠幡之内の谷上、勝之内石井村半分同玉林寺分の太田大膳亮など江戸衆と呼ばれた北条家臣団は十一名を数える。江戸衆と言っても、その所領はほとんどが今日の埼玉県域である。はたしてこの中に資正感状の当事者はいるのか、或いはワンランク下のこれらの部下であったのかなんとも判断がつかない。いずれにせよ太田資正がわざわざ感状を発給するような手柄であった訳で平岡孫六が討った相手はそれなりの人物であったことは間違いない。

普段無意識に越生線から眺める風景もこうした戦国歴史ロマンを思い描いて見ると一段と輝きを増してくるのである。かつて長瀬の地で小田原北条勢と松山太田勢の激しい激突があった事を多くの町民の方にも知って頂きたく粗い一文を草してみたところである。

【初出】『あゆみ』第四十八号、令和六年〔二〇二四〕四月一日号

(五)毛呂の流鏑馬

毛呂の流鏑馬（夕的　的を射る騎手）

一、はじめに

本年十月三十一日（日）より十一月三日（文化の日）までの四日間、毛呂山町で全国初の流鏑馬サミットが行われる。地元毛呂山町の出雲伊波比神社やぶさめ保存会や県内ときがわ町の萩日吉神社流鏑馬保存会を始め関東及び近県の九団体が一同に会するという。内容はシンポジウム「やぶさめをまもる」（毛呂山町福祉会館ホール）、やぶさめ交流展（毛呂山町福祉会館展示室）、やぶさめの里めぐり（やぶさめ行事の見学会）等である。

ところで、毛呂の流鏑馬の研究は、民俗学的考察が進んでいる反面、歴史的・文献学的な考察は、かなり遅れているように思われる。わずかに前出雲伊波比神社宮司、紫藤啓治著『外秩父の古径』（平成二年十二月刊）所収の「やぶさめと八幡信仰」、「毛呂の流鏑馬」（埼玉県立民俗文化センター昭和六十一年三月刊）所収の「毛呂の流鏑馬の歴史」、拙稿「幻の流鏑馬」『埼玉史談』（第三十巻第三号・昭和五十八年十月刊）などを挙げることができる程度である。

そこで、本稿ではこうした全国的な流鏑馬に関するイベントを前にして、改めて毛呂の流鏑馬の歴史を確認しておきたいと考える次第である。

二、毛呂の流鏑馬の歴史

さて、毛呂の流鏑馬が確実に行われていたことを実証できる最も古い文献は、元禄十五年（一七〇二）三月の「神社人別明細書上」（出雲伊波比神社蔵）という文書である。次にその翻刻全文を引用する。

覚

長沢壱岐守様御領分　武州入間郡毛呂郷前久保村

拙者頭無御座候　神主　蔵人

一、御朱印高拾石八幡社領　写弐通

東西百五拾間

追酒盛り（出陣前の的宿での儀式）

一、境内山林共南北百九拾間右高之内
　　二十九□□
一、当社開基建久年中より今年迄五百年余ニ
　御座候由申伝候　不明
一、八幡宮　一宇　大社正面七尺五寸
一、飛来大明神　一宇　大社正面壱丈
一、春日大明神　一宇　小社正面壱尺九寸
一、五社大明神　一宇　小社正面九尺八寸
一、雷電　一宇　小社正面壱尺壱寸
一、熊野権現　一宇　小社正面三尺壱寸
一、亀皇ノ宮　一宇　小社正面壱尺弐寸
一、矢大臣　二社　小社正面三尺壱寸
一、観音堂一ヶ所　三間四面　境内ニ御座候
一、天下御泰平ノ御祈祷毎月朔日ニ大般若転読仕候
　供僧六ヶ寺
　武州入間郡上野村真言宗多門寺

同国同郡大谷木村同宗　法福寺
同国同郡阿諏訪村同宗　大行寺
同国同郡瀧ノ入村同宗　行蔵寺
同国同郡平山村同宗　法眼寺
同国同郡前久保村天台宗　等覚寺

一、神前ノ註連同国秩父郡高山村　花光
一、湯花役人同国入間郡上野村聖天宮祢宜　伊勢守
一、八幡祭礼　八月十五日馬乗弓仕候
一、飛来大明神祭礼　九月廿九日馬乗弓仕侯
一、屋敷　東西三拾壱間
　南北四拾五間山林共右高之内
一、壱町四畝廿七分　御年貢地
一、人別　代々禅宗毛呂本郷妙玄寺
　旦那蔵人　年五拾五
　同人妻　年四十三
　父親　年七拾八

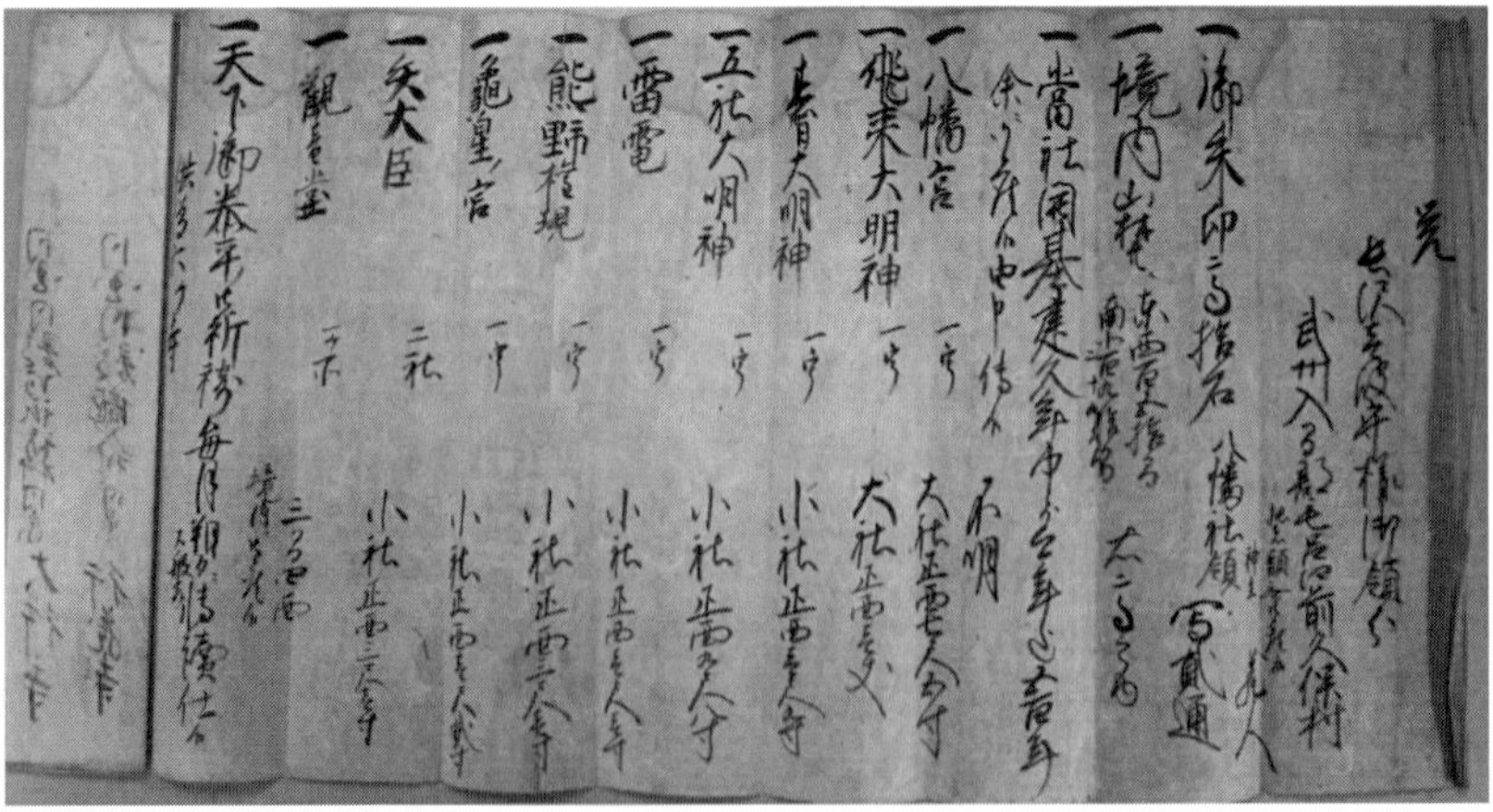

流鏑馬関係文書（出雲伊波比神社所蔵）

母親　年七拾才
娘壱人　虎
娘壱人　よし
男子壱人　内蔵助
男子壱人　平次郎
娘壱人　まさ
一、下　男　壱人　勘兵衛
一、下　女　壱人　はる
一、門屋壱軒　助左衛門
同人妻
同人倅長十郎
右之通相違無御座候　以上　蔵人
元禄十五壬午年三月日
御奉行様

このように、元禄年間毛呂郷の中心臥龍山に鎮座する八幡宮の祭礼の八月十五日と飛来大明神の祭礼の九月二十九日にそれぞれ流鏑馬が行われていた（馬乗弓仕《つかまつり》候）のである。一ヶ月半もの間隔を置いて両社で別々に流鏑馬が行われていたというのは、極めて特異なことと言わなければならない。

また、この文書は非常に興味深いことが何カ所も記されているので、江戸期の流鏑馬の時代背景として確認しておきたい。

①元禄十五年、毛呂郷前久保村は長沢壱岐守領分で、神主は蔵人（紫藤氏）であったこと。中世の毛呂の神主は「天宿神主」であった（天文十六年〈一五四七〉・日高市野々宮文書「六所宮祭事ニ付参集覚写」）。

②御朱印高拾石は八幡社領に与えられたものであったこと。すなわち、臥龍山諸社の中で八幡宮に優位性があったこと。

③開基は建久年中（頼朝の鎌倉時代）で、当時神主自身に出雲伊波比神社の認識が無かったこと。しかし、このことが式内社出雲伊波比神社の資格が無いということではない。

④飛来大明神が山中で最も大きな社《やしろ》であったこと。

⑤雷電社があり飛来神と共に、太政官符にいう「雷神を率いる神にふさわしいこと。

⑥藤原氏の氏神である春日大明神を祀っていること。

⑦亀皇《きこう》ノ宮は「季光ノ宮」であって毛呂（藤原）季光《すえみつ》を祀っていること。
⑧矢大臣二社が祀られていたこと。矢大臣は矢大神ともいい、神社の随身門に安置してある神像である。
⑨境内に三間四面の観音堂があったこと。
⑩毎月一日、供僧六ケ寺により大般若経の転読が行われていたこと。
⑪神前のしめ縄張りの役は、高山不動の御供所《ごくうしょ》樋下坊《とひのしたぼう》花光であったこと。
⑫湯花役人は、上野村（現越生町）聖天宮の伊勢守（森村氏）であったこと。
⑬神主といえども、この時代、毛呂本郷の曹洞宗妙玄寺の檀家であったこと。

煩を厭わず列挙したが、これが神仏習合時代の神社の実体である。かなり仏教的な色彩も帯びているのである。流鏑馬は神事には違いないが、あまり神事一色に強調しすぎるのは危険である。
さらに、出雲伊波比神社には、もう一点同年八月の流鏑馬関係文書が現存する。やはり、全文を引用することとしたい。

乍恐以書付奉願候事
八幡宮祭礼　八月十五日　馬乗弓仕候

飛来大明神祭礼　九月十九日　同断

右両社之祭礼之節御扶持方米三斗七升入壱俵宛高室喜三郎様御代官時より去巳之年迄七拾年余御代官様より毎年被下置氏子共祭礼勤来候前々之両度祭礼之節御扶持米被下置候者難有奉存候

以上

長沢壱岐守様御分前久保村神主紫藤蔵人

元禄十五年午壬八月

井上甚五左衛門殿

河野瀬安兵衛殿

右蔵人被願上候通り相違無御座候間前々之通御扶持方米被下置候ハバ一同ニ難有可奉存候以上

毛呂本郷名主　八右衛門

小田谷村名主　久右衛門

長瀬村　名主　三郎兵衛

同　五郎兵衛

前久保村名主　三太夫

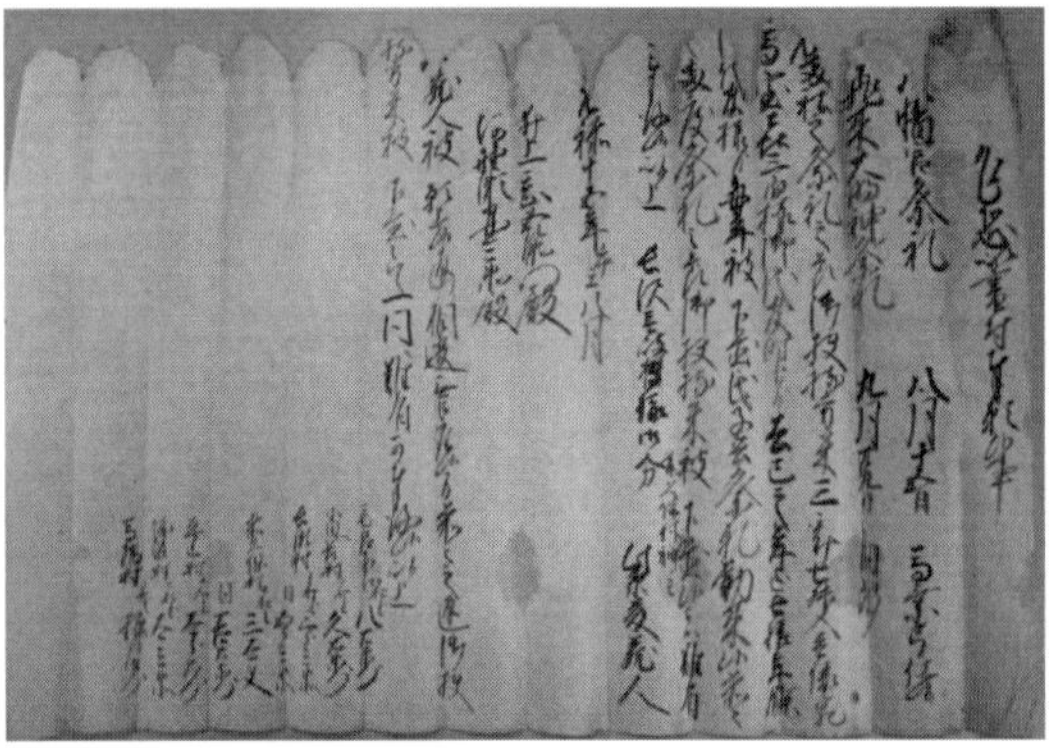

流鏑馬関係文書（出雲伊波比神社所蔵）

同　　吉右衛門
平山村　名主　太郎右衛門
堀込村　名主　太兵衛
馬場村　名主　孫左衛門

既に諸書で指摘されていることであるが、この文書で重要なことをあらためて確認しておきたい。

①前文書同様、元禄年間、毛呂の臥龍山では、八幡宮祭礼の八月十五日と飛来大明神祭礼の九月二十九日の両日流鏑馬が行われていた（馬乗弓仕候）こと。

②「両社祭礼ノ節」には扶持米《ふちまい》一俵の御下賜があり、この慣習は元禄十四年（去巳之年）まで七十年余続いていたこと。

③元禄十四年から七十年余を逆算すると高室喜三郎代官所時代の寛永九年（一六三二）頃となり、少なくとも両社の流鏑馬がこの頃既に行われていたことが確実である。

このように毛呂の流鏑馬の確実な歴史は、三七八年ほどということになる。ところで、流鏑馬が行われていたことを証明する直接的な証拠とは言えないが、小田谷・長瀬祭馬区蔵の乗鞍に天正十九年（一五九一）の銘を持つものがある。小田原の後北条氏が滅んで徳川家康が江戸に入府した翌年である。あるいは大目にみて、ここまでを毛呂の流鏑馬の歴史時代ということも可能であろう。しかし、馬具が移動するものであることを考えると、確実なところでは江戸時代の初期寛永年間までを、毛呂の流鏑馬の歴史時代とするべきであろう。

三、毛呂の流鏑馬の伝承

毛呂の流鏑馬には、その起源を平安時代とする非常に古い伝承がある。秩父出身の国学者斎藤義彦が文政八年（一八二五）に著した『臥龍山宮伝記《たつふしやまみたつてぶみ》』である。斎藤義彦は優秀な国学者であり、かつ神官でもあったが、初めて延喜式内社出雲伊波比神社を臥龍山両社に比定したのも彼であった。今日式内社出雲伊波比神社については、様々な候補地が挙げられているが、斎藤義彦の毛呂臥龍山説は極めて卓見であると思う。何より国学に詳しく県内のちいさな神社までつぶさに見て歩き、その歴史や伝承を知り尽くしていたと思われるが、もとより入間郡内については殊更熟知していたであろうことは、想像に難くない。江戸期（文政年間）における状況証拠を積み上げた客観的な判断であったと考えられる。斎藤義彦が一時期、臥龍山神主紫藤岩吉の後見として、出雲伊波比神社の修復に力を入れたことを差し引いても、毛呂にとっては第三者であった斎藤義彦の出雲伊波比神社毛呂説は、学問的見解であったろうと考えられる。

『臥龍山宮伝記』では、「出雲伊波比神社」の表現はないが、倭建命が東征の折り出雲の神大己貴大御神《おおなむちのおおみかみ》を臥龍山に斎き祭ったことを述べている。そして、この伝承に続いて語られているのが、毛呂の流鏑馬の起こりである。康平元年、貞任宗任《さだとうむねとう》等をうち平らげた八幡太郎義家が、京へ帰るとき石清水《いわしみず》神宮にて請い受けた八幡皇大御神《やはたすめおおみかみ》の御魂《みたま》を大己貴命の御相殿《みあいでん》に遷鎮《うつししずめ》祭って、八幡宮とされたという。この八幡皇大御神こそ「弓矢神」であって、「もののふの万世《よろずよ》を守りの神」として、「今にいたるまで、毎年、八月之十五日之朝日之豊栄登《とよさかのぼり》に平国之矢鏑馬《くにむけのやぶさめ》を奉納するというのである。

以上が毛呂八幡宮の流鏑馬の起源である。問題点を整理してみよう。

①斎藤義彦は、毛呂八幡宮の流鏑馬の起源を康平元年としている。しかし、「吾嬬《あづま》なる貞任宗任等の国敵ども」とあるところから、いわゆる前九年の役を指すものと考えられ、その凱旋となれば、今日一般的に用いているように、康平六年（一〇六三）とするのは自然なことであろう。毛呂の流鏑馬の起源は、伝承では九四七年前にさかのぼることになる。

②八幡宮を祭り、流鏑馬を奉納したのは、源義家であり、父の頼義は、全く登場しない。これは、八幡宮の創建・流鏑馬奉納とも、石清水八幡で元服したといわれる八幡太郎源義家

でこそ意味が有るわけである。

③これもよく用いられていることだが、「永承年間、源頼義・義家父子が奥州平定のためまず当社に戦勝を祈願した」ということも『臥龍山宮伝記』では、全く述べていない。

④八幡宮に奉納した流鏑馬の形態はよく分からないが「毎年八月十五日」に、朝日が勢いよく登る時刻に行われたということである。何か現在の流鏑馬の「朝的《あさまとう》」を連想させるものがある。

ところで、大正期に始まり、現在も行われている春の流鏑馬について、拙稿「幻の流鏑馬」(『埼玉史談』第三〇巻第三号〈一九八五〉)で、消滅した八幡宮の流鏑馬が、形を変えて春の流鏑馬として復活したものという論旨を展開したが、『毛呂の流鏑馬』(埼玉県立民俗文化センター)以下多くの関係書が、この拙稿を無批判に採用している。筆者はこれを今でも大筋で間違っていないのではと信じているが、まだまだ八幡宮の流鏑馬については不明のことが多く、多方面からの研究が必要なのである。

何しろ八幡宮の流鏑馬の詳しい内容を示す資料が乏しいのである。ここでは、今まで指摘されることのなかった八幡宮の流鏑馬の乗り子の年齢について述べておきたい。埼玉県立文書館所蔵の「平山家文書」に唯一乗り子の年齢を特定できる資料が存在するのである。ほとんど同

重殿淵での祭馬の口すすぎ
『埼玉の民俗やぶさめ』長井五郎著の口絵より
昭和 32 年の写真である。右端の少年が著者。

じ内容であるが二点挙げておきたい。

(1)平山家文書六五一

(表　紙)

武州入間郡毛呂郷七ヶ村惣鎮守　　平山村
八月十五日八幡太神宮御祭礼箭武勇御神楽

臥龍山　　三品入用取立帳

九月廿九日飛来大明神御祭礼箭武勇

天明八戊申歳九月廿八日　　名主　覚右衛門

(本文)

天明八戊申年八月十五日　臥龍山八幡大神宮御祭礼
箭武勇当家斉藤滝治良於御神前相勤候入用覚

(以下本文を略す)

(2)平山家文書九六五

（表紙）
天明八戊申歳　武州入間郡毛呂郷平山村
臥龍山八幡武太神宮御祭礼箭武勇入用帳
八月十五夜　箭武勇士氏子斎藤瀧治郎
（本文）
天明八戊申年八月十五日
臥龍山　八幡大神宮　御祭礼年番　箭武勇　当家五男
斎藤龍治郎　相勤候
（以下本文を略す）

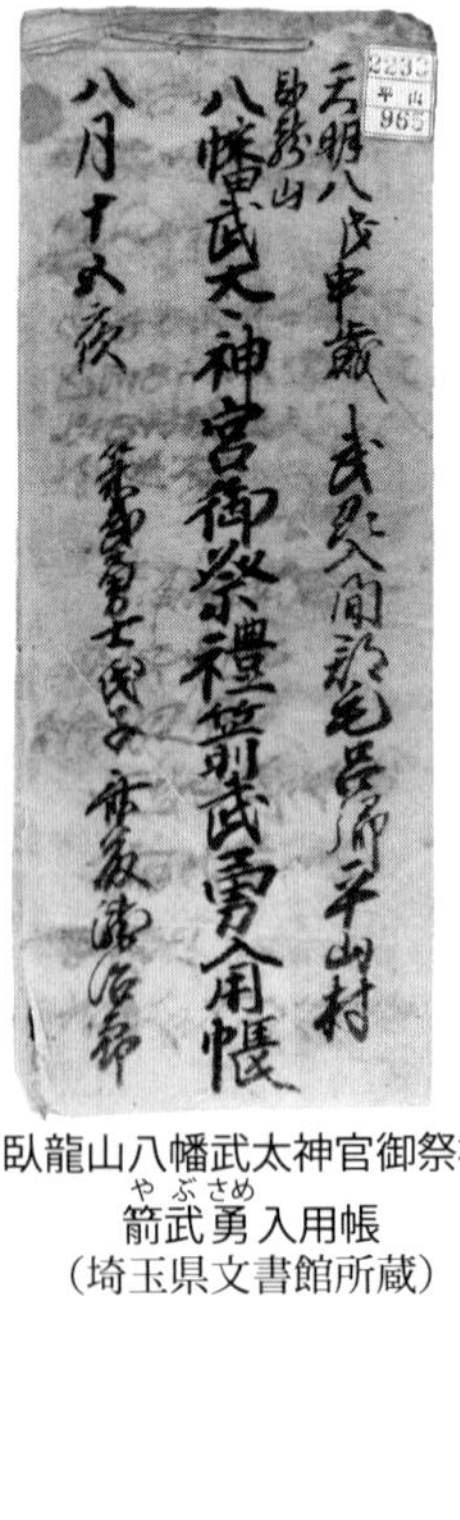
天明八戊申歳　武州入間郡毛呂郷平山村
臥龍山
八幡武太神宮御祭禮箭武勇入用帳
八月十五夜　箭武勇士氏子　斎藤瀧治郎

臥龍山八幡武太神官御祭礼
箭武勇《やぶさめ》入用帳
（埼玉県文書館所蔵）

やはり判明したことを二三箇条書きであげておきたい。

①天明八年（一七八八）の八幡宮の流鏑馬は、平山村が年番で勤め、乗り子は名主斎藤覚右衛門の五男（実際は四男）斎藤龍治郎であった。祭馬一頭と断定は出来ないが年番であることは、現在の春の流鏑馬と共通する。乗り子は長男に限るということは、全く根拠がない。

②八幡宮の流鏑馬の乗り子としてただ一人歴史に名を残した斎藤龍治郎はこの年（天明八年）十歳の少年であったことが平山村宗門人別改帳から確認できる。春の流鏑馬の幼児の乗り

子と違ってかなり高い年齢である。

③「箭武勇」（やぶさめ）の表記は、江戸時代らしいユニークなものであるが、なにか「流鏑馬」よりも毛呂の流鏑馬にふさわしいようにも感じられる。

いずれにせよ、九四七年前にさかのぼるという毛呂の流鏑馬の起源伝承は、八幡宮の流鏑馬のことである。

次に飛来大明神の流鏑馬について考えてみたい。『臥龍山宮伝記』では、飛来大明神の創建を次のように伝えている。

建久三年（一一九二）九月二十九日、臥龍山に「奇霊光《くすしくあやしきひかり》」・「御《み》光《ひかり》」がお下りになった。よくみると「久方《ひさかた》のあまつをとめのみすがた」であった。そこで八幡宮の御幣殿《みてぐらどの》に遷《うつ》し祭られた。そして御名《みな》を訊ねると、八幡宮の母神で名を息長帯《おきながたらし》比売《ひめ》命《のみこと》といい、もののふの守りの神であるという。そこで別宮に遷鎮《うつししずめ》祭って、飛来大明神《とびきましおおあきづかみ》と称奉《たたえ》った。

そこで、この神の飛来した九月二十九日に流鏑馬を奉納するというものである。

正確にいえば、もともと出雲伊波比神は八幡宮に長く鎮座していたのであるが、現在は八幡宮も飛来大明神を本殿として合祀され、社名も伝承をもとに出雲伊波比神社として出雲の神を主神としてお祭りしているわけである。しかし、毛呂の流鏑馬は出雲伊波比神に奉納したものではなく、あくまで八幡大神と飛来大明神に奉納したものであることを踏まえておく必要がある。

飛来大明神の流鏑馬の形態は、『臥龍山宮伝記』に詳しい。

「其祭の形は、いにしへえびすをうち給ひし大御軍《おおみいくさ》の出立《いでたち》のごと、よそほひたてて、さつゆみに鳴鏑矢《かぶらや》をとりそへて、馬をかけにのり、的を三所《みところ》にたてて矢鏑馬《やぶさめ》有」というものである。これは今日の秋の流鏑馬を彷彿させるものである。三人の騎手（乗り子）・三頭の馬などの表現はないが、いわゆる今日の「毛呂の流鏑馬」とは、飛来大明神の流鏑馬なのである。

「いにしへえびすをうち給ひし大御軍《おおみいくさ》」もいわゆる文治五年（一一八九）の奥州征伐のことで、頼朝が藤原泰衡を滅ぼした戦いを指すものと考えられる。奥州征伐には毛呂季光も頼朝に従って参戦している。したがって、伝承では秋の流鏑馬の起源は、建久三年（一一九二）であり、今から八一八年前ということになる。

ところで、建久三年といえば、七月十二日に源頼朝は征夷大将軍に任ぜられている。同年十一月二十五日には、頼朝は永福寺の落慶供養に臨み、毛呂季光等がこれに従っている。

翌、建久四年二月十日には、季光の子と考えられる毛呂季綱は、頼朝から武蔵泉《いずみ》（現滑川町）・勝田《かちだ》（現嵐山町）の地を旧功として与えられている。この年はまさに、頼朝にとっても、毛呂氏にとっても絶頂期であったのである。

さらに、飛来大明神は、毛呂明神（茂呂大明神）の別名もあることはよく知られている。『臥龍山宮伝記』の飛来大明神の縁起には、息長帯比売命（神功皇后）の伝説と毛呂氏来住説話が混在しているように思われる。そこで批判を恐れず私見を述べれば、飛来大明神は毛呂氏の氏神であり、飛来大明神の流鏑馬は、源頼朝と毛呂季光が奉納したものであるというものである。以下、その状況証拠を列記してみたい。

①『臥龍山宮伝記』の飛来伝説は、『長昌山龍穏寺境地因縁記』の毛呂明神飛来説話の換骨奪胎的な内容であること。飛来した神が入れ代わっただけである。どちらの話にも登場する実藤・紫藤氏は、毛呂氏の家臣と言われる。

②初めに取り上げた文書「神社人別明細書上」で指摘したように、臥龍山には春日大明神・季光宮が祭られていること。

③「毛呂記録」（出雲伊波比神社蔵）に、「大明神は」「高山よりの「御神」を「毛呂殿」が「奉祝置《いわいおきたてまつ》」ったものとしていること。従って祭礼の時には高山よりしめ縄張りの役人が参ること（これが前述した「花光」である）。

④『臥龍山宮伝説』とほぼ同時期（文政年間）に成立した『新編武蔵風土記稿』では、「八幡

宮と並びたてり、或いは毛呂明神とも唱へり（中略）毛呂氏代々の氏神なることは論なし」とまで言い切っている。
⑤寛永十年（一六三三）の棟札（出雲伊波比神社蔵）に「毛呂郷宮野村臥龍山明神宮者昔日源頼朝御建立之由伝候」とあって、頼朝の建立の背後に毛呂季光の存在を感じること。
⑥大永八年（享禄元年・一五二八）、前年焼失した飛来大明神を再建したのは「大旦那藤原朝臣顕繁」（毛呂顕繁）であった。ここで毛呂顕繁が、この神社の大旦那であると記していることは重要である。つまり、毛呂氏の氏神なのである。
⑦流鏑馬一行が毛呂本郷の的宿から神社に向かう時、毛呂本郷宿の中程にある榎を回ってから出発すること。「毛呂の大榎」は、毛呂季光の廟所あるいは館跡であるという伝承がある。つまり、毛呂の流鏑馬は、毛呂季光の館から出陣するわけである。毛呂の流鏑馬の古写真には、大榎を背景に三祭馬区の一同が勢揃いしておさまっているものが多いのもこうしたことを暗示している。
⑧流鏑馬当日、行事は毛呂氏の子孫と言われる大谷木氏の早朝参拝から始まる。飛来大明神（現出雲伊波比神社の本殿）の鍵を持っているのも大谷木氏である（現在神社保管）。
⑨流鏑馬の三頭の馬は、白（母衣など）の一の馬が源氏（頼朝）を表し、紫の二の馬（藤原氏・毛呂季光）を従え、赤の三の馬（畠山重忠などの板東八平氏）がこれに続くことを暗示してい

るとみることができる。この毛呂の流鏑馬の序列は、鎌倉幕府が成立し源氏を中心とした武家政権が確立した以降のものであることをそのまま表している。

⑩斎藤義彦が文政八年、延喜式内社出雲伊波比神社の修復に力を注いだ時、修理費の嘆願書を季光の子孫旗本毛呂金三郎、大谷木辰三郎に提出していること。

以上、伝承時代の毛呂の流鏑馬について私見を述べてみた。

結論は、「八幡宮の流鏑馬は、康平六年（一〇六三）八幡宮を臥龍山に創建した八幡太郎源義家によって奉納されたと伝える。」となる。また、「飛来大明神の流鏑馬（今日の秋の流鏑馬の原型）は、建久三年（一一九二）、源頼朝及び毛呂季光によって奉納されたと考えられる。」となる。特に建久三年以降、流鏑馬奉納に毛呂氏が関わったことは歴史的事実に近いものと考えられる。

四、『毛呂郷社流鏑馬祭』と今後の毛呂の流鏑馬

まとまったものとしては、最も古い毛呂の流鏑馬の研究書（報告書）に『毛呂郷社流鏑馬祭』（昭和五年序刊・孔版）がある。これは翌昭和六年に、埼玉縣神職會によって『郷社出雲伊波比神社流鏑馬祭』として活字印刷され刊行されている。この書は、これからの毛呂の流鏑馬を考える時、鏡として常に振り返るべき基本の文献といえるものである。

この中で現在、気になる点を二つほど上げておきたい。

①流鏑馬に使用する馬は、黒毛の馬に限ること。白い差し毛の馬は、当社の禁忌であるとまで述べている。昔にくらべ馬の借用が困難になった今日、難しい課題と理解しているが、可能なかぎり努力すべきであろう。

②乗り子の条件を「十五六歳の童貞」としている。これは、平均的な男子の元服の年齢（もっと早い例も当然ある）なのであろう。また、初陣の年齢とも関係あろうかと考えられる。今日、毛呂の流鏑馬を「子供が乗る流鏑馬」と強調しすぎているようにおもう。筆者（昭和二十年生）の子供の頃はもっと青年の乗り子が多かったし、近年でも高校一年生が務めた例がある。少なくとも小学生の乗り子はやめたほうがよい。小学生では、和弓は正確に扱えないからである。蛇足ながら「長男」の条件はふれていない。

表題の本と離れて、「流派の流鏑馬ではないのだから当たらなくてもよい」という意見もあるようであるが、これには反対である。射手が馬上より的に矢を当ててこそ流鏑馬である。最近改善されつつあるようだが、いままでは乗り子が二の矢を弓手で持って、一の矢を放っていた。これでは、全く「手の内」（弓の正しい押し方）は出来ず、矢はどこへ飛んでいくか分からない。「手

口取り役に参加するため平山の家を出る著者。昭和42年（1967）著者22歳。

の内」さえしっかり出来ていれば、的側に観客がいても心配ない。幸い町には、毛呂山町弓道連盟もある。弓道の専門家に、ただしい乗り子の射技を指導していただくよう提案するものである。

五、おわりに

冒頭でも述べたように、本年毛呂山町を会場として全国流鏑馬サミットが開催される。毛呂の流鏑馬は射技さえ伴えば、その歴史・伝承といい、そのスケールの大きさといい、正に国の重要文化財にふさわしい伝統行事である。おわりにあたり、毛呂の流鏑馬が国指定無形民俗文化財に昇格することを祈念して擱筆することとしたい。

（平成二二年〔二〇一〇〕十月一日）

【初出】『埼玉史談』第五七巻第三号「毛呂の流鏑馬の歴史を探る―全国流鏑馬サミットの開催を前にして―」

◎同趣旨の論考に、次の二編がある。
「毛呂の流鏑馬―その歴史的考察―」『あゆみ』第三四号（平成二一年五月一日）
「毛呂の流鏑馬は子供が乗る流鏑馬ではない」『あゆみ』第三六号（平成二五年三月二十日）

（六）「毛呂氏館跡」（山根城）の発掘調査

―「毛呂城跡」の名称は適切ではない―

発掘調査の様子（平成 27 年）

一、毛呂氏館跡と毛呂城跡

毛呂山町教育委員会（毛呂山町歴史民俗資料館）では、平成二十七年（二〇一五）三月から九月まで、「毛呂城跡」の名称のもとに住宅開発に伴う発掘確認調査を実施した。毛呂山町の館跡・城跡の名称は極めて不適切なものが多く、教育委員会は城館跡の名称を緊急に整理し直すべきである。今回の発掘調査は、昭和五十一年三月、毛呂山町が「山根城跡」の碑を建てた毛呂本郷のいわゆる「堀ノ内」の一部である（現在は地名地番変更により遺跡のほとんどが岩井西となる）。今回の発掘調査地は断じて「毛呂城跡」などと呼ぶべきではなく、「毛呂氏館跡」が最もふさわしいであろう。その根拠とする史料は左のごとくである。

☆大正十一年調製「埼玉縣入間郡毛呂村郷土誌」（毛呂村尋常小学校）の毛呂本郷の条

【毛呂氏館跡】

妙玄（寺）付近約一町歩許りの地方を称して堀内と名く。土地比較的高く其西北は漸次下降して毛呂川の低地なり。其東方は臥龍山を控へたり。此の辺今も尚布目瓦を出し旧馬場村も其東北に隣接せり。思ふに此の地毛呂氏の館跡たりし処なるべし。

ちなみに、安部立郎編著『入間郡誌』（大正元年刊）も「毛呂氏館跡」の名称で、説明文は毛呂村郷土誌と全く同じである。

☆嘉永四年三月「武州入間郡毛呂本郷妙玄寺并毛呂家屋敷蹟八幡宮社季光宮惣図」

（山田吉令による幕末の妙玄寺付近絵図）

【毛呂家代々屋鋪跡】

畑地。字堀ノ内。一反四五畝程。大門ノアト。

屋鋪跡寛文年中御縄入之節除地ニ而山林ニ而候処元禄年中御年貢地ニ相成山林開発畑地ニ

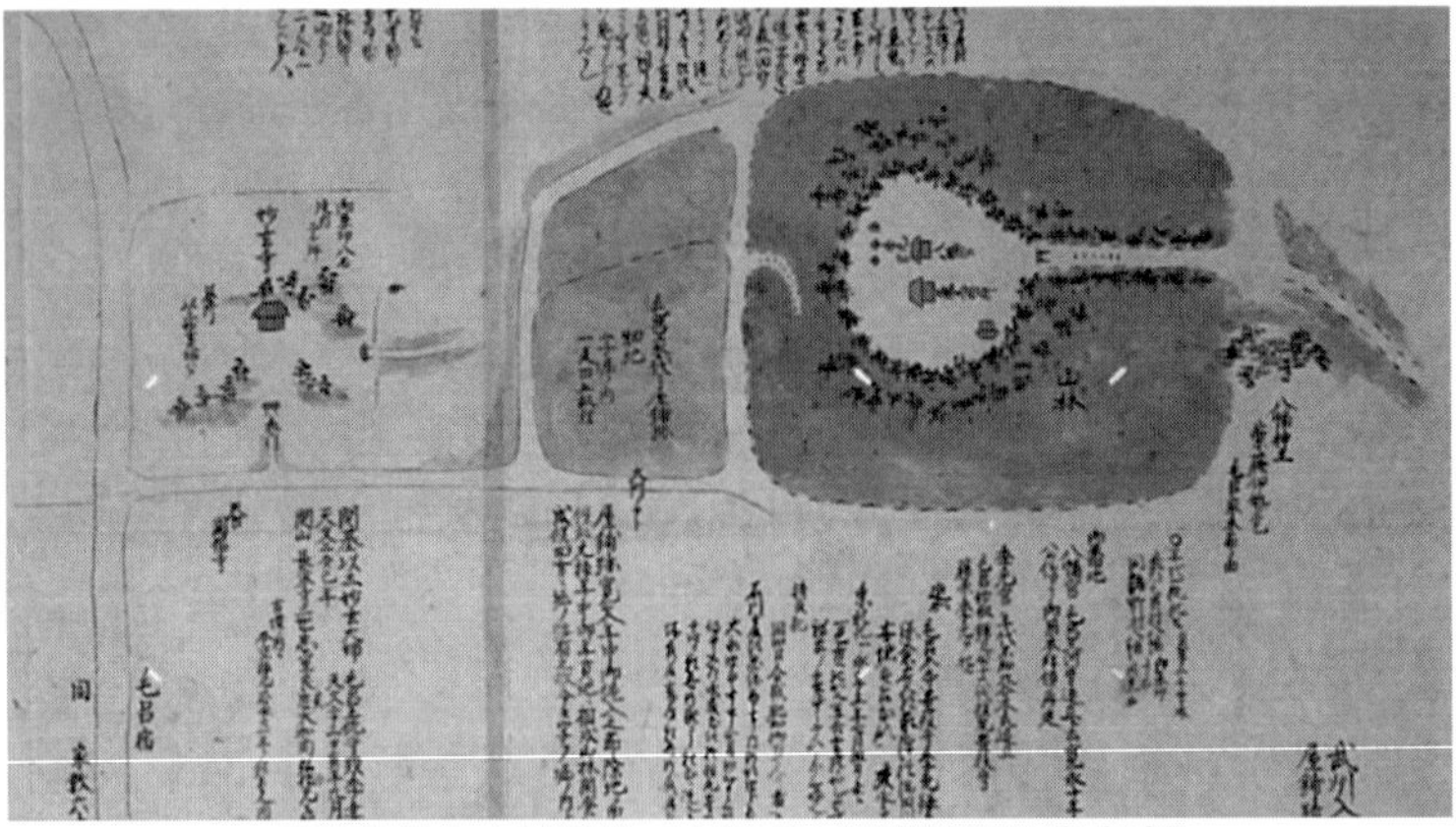

毛呂家代々之屋敷跡（小浜市立図書館酒井家文庫）

相成候。四方ニ堀ノ跡有之故今モ字ヲ堀ノ内ト云。

現在、「毛呂氏館跡」の名称は小田谷の長栄寺付近に与えられているが全く的外れな命名である。この毛呂本郷堀ノ内こそ「毛呂氏館跡」の名称が最も相応しいのである。

☆『新編武蔵風土記稿』毛呂本郷の条

【毛呂土佐守顕季陣屋跡】

此所の字を堀ノ内といへり。今陸田となる。九段九畝十六歩の地なり（後略）。

この『新編武蔵風土記稿』のいう「毛呂土佐守顕季陣屋跡」の名称は、ある意味で史実を伝えているのではないかと考えられる。すなわち毛呂郷最後の毛呂家当主顕季は毛呂合戦の後、ふたたび先祖の屋敷地を陣屋として再利用したと考えられるからである。なお、『埼玉縣史』（昭和九年刊）は「毛呂館」とし、「毛呂村　毛呂本郷　毛呂土佐守顕季の住居」としている。

毛呂山町が一度認定して石碑まで建てた「山根城跡」は、江戸時代から村民に親しまれた愛称として有ってもよい名称ではある。

☆『武藏國郡村誌』毛呂本郷の条

【山根城墟】

東西一町四十間、南北一町二十間。方形を為す。濠渠猶存す。（中略）貞享年中開拓して畑となり、字を堀乃内と云ふと。

文献としては、山根城の名称は、この郡村誌につきるが、江戸初期の「毛呂記録」では、この地の人々を「山根惣百姓」と呼んだし、隣接する円福寺（大師堂）は天海大僧正によって「山根新地」に建てられたのである。江戸の俳人達は、「武州山根の里」の川村碩布邸を訪れたし、明治十年（一八七七）、毛呂宿に開校した小学校は「山根学校」である。また、なにより江戸後期毛呂郷きっての文化人下田素耕は落款に「山根城西」を用いている。

このように、当該地は「毛呂氏館跡」が最もふさわしく、「毛呂顕季陣屋跡」でもよいし、「山根城跡」も許されるということである。

ひとつ気になることは、堀ノ内の面積が史料によって区々なことである。筆者としては、小川喜内氏が計算した一町八反六畝九歩に賛同するものである。

しかし、ここが「毛呂城跡」であってならない。毛呂城が外に無いならともかく毛呂城と呼ぶに最もふさわしい場所、すなわち小田谷長栄寺付近が存在するからである。高橋源一郎著『武蔵野歴史地理』（有峰書店・昭和四十八年刊）も「大永四年十月上杉氏に陥れられた毛呂城の址を、今の毛呂本郷内に発見することが出来ない。当時の城塞は多く山に倚つて築かれたものであるから、小字堀の内とは必ず違はなければならぬ。小田谷長栄寺の（中略）北の丘上にも一小塁址がある。或は是が毛呂城址かとも察せられる。」と述べている。『石川忠総留書』に「武州毛呂城落居」とある上杉憲房・朝興に攻略された毛呂城は長栄寺付近（城郭の中心はその裏山）をおいて無い。ここは『浅野文庫蔵諸国古城之図』の「武蔵毛呂」とも一致し、梅沢太久夫著『城郭資料集成中世北武蔵の城』（平成十五年刊）などは毛呂城跡（旧毛呂氏館跡）と既に名称変更しているほどである。

外部の城郭研究者が一歩先んじることは致し方無いとしても、地元がいつまでも城館跡の名称混乱を放置したままでよいはずもなく、教育委員会には早急な対処を重ねてお願いするものである。

二、発掘調査の成果

①堀跡

発掘調査前半では、開発地域の東西方向に重機による数本の大きなトレンチが入れられた。調査後半は開発地域のうち住宅の道路に該当する部分の詳しい調査が行われ、その結果いずれも堀跡が検出された。これは、現在水路となっている館の外堀に対して内堀と見られ、小川喜内氏が『あゆみ』（第十七号）で既に「本丸跡」（遺跡東側の中央）と指摘されているものと考え方は合致すると思われる。幕末の山田吉令の調査にある大門の跡のように、遺跡（郭）の内側に本丸跡の伝承につながる遺構がかつて存在していたであろうことはある程度予想されたが、実際に出現した内堀を見ると大きな感動を禁じ得ない。

掘跡（写真上）と井戸跡（写真下）

また、佐藤春生主幹や発掘担当者の植田雄己学芸員によれば、検出された堀は新旧二種類あるという。これは恐らく、鎌倉時代から南北朝にかけて営まれた毛呂氏館の堀と、大永四年（一五二四）の毛呂合戦の後、毛呂顕季によって再利用された陣屋跡のものであろう。
この外、堀跡以外の遺構では、円形の井戸跡と見られるものが見つかった。

②出土遺物

この発掘調査で出土した遺物に数基の板碑（破片を含む）がある。この内、ほぼ完形なものは、阿弥陀一尊種子の一基のみで、暦応三年庚辰八月廿九（日）の銘がある（T６中央部にて出土）。法量は高69・8、巾23・5、厚2・3センチである。もう一基は、破片ながら元亨四年（甲）子二月廿（日）と判読できる（T５中央部で出土）。この外『毛呂山町史』に載る「康永元・（高）三九・（巾）一五・完・岩井・紫藤来助宅」の板碑は館の外堀と見られる東側水路で発見されたものだという。この毛呂氏館跡で見つかった三基を整理するとつぎのようになる。

元亨四年（一三二四）　遺跡内トレンチ・鎌倉時代末期
暦応三年（一三四〇）　遺跡内トレンチ・南北朝時代
康永元年（一三四二）　遺跡東側水路・南北朝時代

足利尊氏が征夷大将軍となったのが、暦応元年（一三三八）である。毛呂氏では、毛呂八郎が活躍した時代である。この三基の板碑から考えられることは、毛呂季光が最初に館を構えたのは榎堂付近との伝承があるが、しばらくして毛呂氏は、この毛呂本郷堀ノ内の館に居住し、鎌倉時代を通じて南北朝のすくなくとも康永年間頃まで毛呂氏館は続いていたと考えられる。その後、戦国時代の要請に対応すべく小田谷の長栄寺付近の「毛呂城」に移って行ったと思われる。

その外これも破片ながら、毛呂山町内では初めての図像板碑が発見された。阿弥陀仏の顔と後光の一部だが、その尊顔の美しさは全県規模でみても白眉である。

板碑以外の遺物は、漆塗りの木製椀、かわらけ（小）、土器片、常滑産瓶（破片）、火鉢（破片）、石臼等の生活雑器が出土した。特に木製椀は大ぶりで塗料の色（赤）もよく残り貴重である。村木功資料館長によれば、時代測定して復元するというから楽しみである。また、鉄床石や瓦片も出ている。館跡にふさわしい遺物である。特に瓦片は「此の辺今も尚布目瓦を出し」とあ

発掘された板碑
種子（梵字）中央下に
「暦應三年八月廿九」がみえる

る毛呂村郷土誌の記述を裏付けるものである。誠に大きな成果を得た発掘確認調査であった。

山根城跡出土の図像板碑。
毛呂山町で初の発見例となる。

三、おわりに

毛呂本郷堀ノ内、すなわち毛呂氏館跡の発掘調査がまさか筆者が生きている内に行われようとは思ってもみなかったことで、その歴史的瞬間に立ち会えたことは誠に幸せであった。しかし、ある意味で崇徳寺跡発掘調査に匹敵する重要な発掘調査であり、筆者としては見学会のようなものを提案したが実現しなかったのは残念なことであった。

やがて詳しい発掘調査報告書が刊行されるであろうが、その報告書に「毛呂城跡」の名称が使われることは、あってはならないことである。

【初出】『あゆみ』第四〇号「「毛呂氏館跡」の発掘調査」（平成二八年〔二〇一六〕四月一日号）

付編　毛呂氏年表

《毛呂季光とその後の毛呂氏》年表

元永　二年（一一一九）己亥	六月一日、前太宰権帥藤原季仲（毛呂季光曾祖父）常陸国に没する。七十四歳（『中右記』・『尊卑分脈』は六十二歳とする。
保延　三年（一一三七）丁巳	系図の毛呂季光の没年が正しいとして、仮に季光の没年齢を七十歳とすると、季光の生年は、この頃となる。
久安　三年（一一四七）丁卯	源頼朝、義朝の三男として生まれる。母は熱田大宮司藤原季範の女。
保元　元年（一一五六）丙子	七月十一日、保元の乱起こる。 七月二十三日、崇徳上皇、讃岐国へ配流される。 毛呂季光、この頃毛呂郷に来住するか。
平治　元年（一一五九）己卯	十二月九日、平治の乱起こる。 十二月二十二日、この日から信西の子息達の遠流始まる。 十二月二十六日、平清盛、藤原信頼・源義朝らを破る。
永暦　元年（一一六〇）庚辰	三月十一日、源頼朝伊豆国に配流される。
仁安　二年（一一六七）丁亥	二月十一日、平清盛、従一位太政大臣に昇進する。
治承　四年（一一八〇）庚子	八月十七日、源頼朝が伊豆に挙兵する。畠山重忠は、河越重頼、江戸重長らと、衣笠城（横須賀市）に三浦氏を攻める。 十月四日、畠山重忠・河越重頼・江戸重長ら、頼朝に帰順する。 十月六日、頼朝、鎌倉に入る。 ☆十二月十二日、頼朝、相模大倉郷の新第に移る（いわゆる「移徙の儀」）。毛呂冠者季光、頼朝の御駕の右に供奉する（『吾妻鏡』）。
	☆頼朝三十四歳
寿永　四年（一一八五）乙巳	三月二十四日、平家、壇の浦に滅ぶ。

文治　二年（一一八六）丙午	☆二月二日、頼朝、毛呂太郎藤原季光を豊後国司に推挙する（『吾妻鏡』）。 ☆六月一日、豊後守季光、鎌倉に出府し、頼朝に盃酒を献ずる（『吾妻鏡』）。
文治　四年（一一八八）戊申	☆三月十五日、頼朝、鶴岡八幡宮の大法会（大般若経供養）に臨む。豊後守（毛呂季光）等これに随う（『吾妻鏡』）。
文治　五年（一一八九）己酉	☆六月九日、頼朝、鶴岡八幡宮に塔供養を行う。豊後守季光・比企能員等、随兵を勤む（『吾妻鏡』）。 六月二十九日、頼朝、慈光寺に愛染王像を納め、本尊となし奥州征伐の祈祷を行わせる。 ☆七月十九日頼朝、奥州征伐に出発する。源範頼・豊後守季光等これに随陣する（『吾妻鏡』）。 八月十三日、頼朝、多賀国府に到着する。 九月三日、頼朝、泰衡を討ち、奥州を平定する。 十月二十二日、頼朝、奥州平定成就し、慈光寺に愛染明王供米及び長絹を寄進する。 十月二十四日、頼朝、鎌倉に帰着する。
建久　元年（一一九〇）庚戌	☆九月二十九日、豊後守・泉八郎等、頼朝上洛の随兵記に殿の字を加えられる（『吾妻鏡』）。 ☆十一月七日、頼朝、入洛する。畠山重忠を先陣に泉八郎・豊後守等ほとんどの武蔵武士がこれに随う（『吾妻鏡』）。
建久　二年（一一九一）辛亥	三月四日、鎌倉大火。幕府及び比企能員・同朝宗等の第宅焼亡する。 ☆三月五日、鎌倉大火の報に、武蔵の毛呂豊後守、最前に馳せ参じる（『吾妻鏡』）。 九月二十八日、高山より飛神が飛来し、大明神として毛呂殿祝置奉ると伝える（「毛呂記録」）。
建久　三年（一一九二）壬子	七月十二日、頼朝、征夷大将軍に任ぜらる。

	九月二十九日、毛呂郷臥龍山に飛来大明神を祀るという（「臥龍山宮伝記」）。「臥龍山明神宮者昔日源頼朝御建立」という（「寛永十年棟札」）。 ☆十一月二十五日、頼朝、永福寺の落慶供養に臨む。豊後守季光等これに参列する（『吾妻鏡』）。
建久　四年（一一九三）癸丑	☆二月十日、頼朝、毛呂太郎季綱に武蔵泉・勝田の地を与えて旧功を賞する（『吾妻鏡』）。☆頼朝四十七歳 ☆五月二十九日、豊後前司（毛呂季光）、頼朝の曽我五郎尋問に陪席する（『吾妻鏡』）。
建久　五年（一一九四）甲寅	☆十一月十三日、足利義兼、一切経及び両界曼荼羅供養を鶴岡八幡宮に修する。慈光寺の僧等これに列する。豊後守季光、布施取を務める（「杉浦文書」）。 ☆十二月二日、幕府、祈願寺社の奉行を定め、三浦義澄等を永福寺の奉行、豊後守季光等を同寺薬師堂（今新造）の奉行となす（『吾妻鏡』）。 ☆十二月二十六日、頼朝、永福寺内新造薬師堂の供養に臨む。豊後守季光等これに随う（『吾妻鏡』）。
建久　六年（一一九五）乙卯	☆正月八日、豊後守季光、中条家長、相争い合戦に及ばんとする。幕府、和田義盛をしてこれを和解せしむ。家長出仕停止、季光は頼朝の営中に召され、直接注意を受ける（『吾妻鏡』）。なお、この記事により、季光が由緒があって頼朝の門葉（一族）に準ぜられていたことが分かる。☆准門葉 ☆二月十四日、頼朝、東大寺の供養に臨まんがため鎌倉を発する。武蔵の諸士これに随う。 ☆三月九日、頼朝、岩清水八幡宮に参詣する。豊後守季光・足利義兼等これに供奉する（『吾妻鏡』）。 ☆三月十日、頼朝、岩清水より南都に向かう。大内惟義・大江広元・豊後前司・毛呂太郎（季綱）等これに随う（『吾妻鏡』）。

	☆三月十二日、頼朝、東大寺の供養に臨む。豊後守季光・山名義範・大内惟義等参堂する（『吾妻鏡』）。 ☆四月十五日、頼朝、石清水八幡宮に参詣する。豊後守季光・大内惟義等前駆けする（『吾妻鏡』）。 ☆五月二十日、頼朝、四天王寺に参詣する。足利義兼・豊後守季光等水干姿で御車の御後に随う（『吾妻鏡』）。 ☆八月十五日、頼朝、鶴岡八幡宮放生会に臨む。山名義範・豊後守季光・千葉常胤等召しによって廻廊に参候する（『吾妻鏡』）。 ☆十月七日、頼朝、鶴岡八幡宮臨時祭に臨む。江間（北条）泰時・豊後守季光等これに供奉する（『吾妻鏡』）。
正治　元年（一一九九）己未	☆一月十三日、頼朝没する。五十三歳。 ☆十月二十八日、畠山・比企・諸（毛呂）二郎季綱等其衆六十六人、鶴岡八幡宮に集まり、梶原景時弾劾の連署状に加判する（『吾妻鏡』）。
正治　二年（一二〇〇）庚申	☆二月二十六日、源頼家、鶴岡八幡宮に参詣する。泉（毛呂）次郎季綱等これに供奉する（『吾妻鏡』）。
建仁　三年（一二〇三）癸亥	九月二日、北条時政、比企能員を名越第に誘い殺害する。
建永　元年（一二〇六）丙寅	☆八月十八日、毛呂豊後守季光、この日に没すると伝える（「毛呂系図」栗原本等）。 ☆仮に頼朝と同年生まれとすると、享年六十歳。子の季綱が頼朝から恩賞を受けているのを考えると、もう少し高齢であったか（前述）。

《その後の毛呂氏》年表

承久　元年（一二一九）己卯	正月二十七日、実朝、甥公暁のために殺害せらる。
承久　三年（一二二一）辛巳	五月十五日、承久の乱起こる。 六月十四日、宇治橋合戦に敵を討ち取る人々。（中略）泉八郎二人、同次郎（季綱）三人安東兵衛尉が手とある。
仁治　二年（一二四一）辛丑	四月二十九日、幕府は、毛呂五郎入道蓮光等に収容せる囚人を逐電せしめし罪によりて過怠料を課し、これを鎌倉新大仏殿の造営料に寄進する（『吾妻鏡』）。
建治　元年（一二七五）乙亥	『六条八幡新宮造営用途注文写』（京都の六条八幡宮修理のために武士達が負担した金額の名簿・国立歴史民俗博物館蔵）に「毛呂豊後入道跡五貫文、泉入道四貫」とある。
弘安　三年（一二八〇）庚辰	四月、沙弥願生、父母の菩提のため常楽寺（現西大久保地内）に大板碑を造立する。
延慶　三年（一三一〇）庚戌	二月中旬、沙弥行真・朝妻氏女、堂山下崇徳寺阿弥陀堂に大板碑を造立する。
嘉暦　四年（一三二九）己巳	二月十一日銘の阿弥陀一尊種子板石塔婆（六三・四センチ）が毛呂城跡（長栄寺）に遺存する。
元弘　三年（一三三三）癸酉	五月九日、新田義貞、鎌倉を攻めんと武蔵に入り、鎌倉街道を通過する。十一日幕府軍桜田貞国等と小手指原に、十二日久米川に戦う。武蔵の諸士多く義貞に応ずる。加治家貞、幕府軍に従う。 五月十五日、新田義貞、北条泰家の軍と分陪河原に戦う。河越氏等、新田軍に従う。 五月二十日、後醍醐天皇の綸旨を受けた安芸国の御家人熊谷直清は、丹後国の木津庄毛呂弥八郎の城郭等を攻め落とす（「熊谷直久軍忠状」『熊谷家文書』）。

	五月二十二日、幕府軍敗れ、北条高時等、相模東勝寺に自殺する。加治家貞、高麗行時・同行勝等これに殉ずる。
建武　二年（一三三五）乙亥	七月二十二日、これより先、北条時行の軍武蔵に入る。足利直義、渋川義季・岩松経家等を遣わし、高麗郡女影原及び多摩郡府中に防がしむるも共に敗死する。 八月十七日、大類五郎左衛門尉以下一党、足利尊氏に従い箱根合戦で高名をたてる。 十一月上旬、阿闍梨覚念、崇徳寺阿弥陀堂に逆修板碑を建立する。
暦応　元年（一三三八）戊寅	五月二十二日北畠顕家、高師直と和泉堺浦及び石津に戦いて敗れ、越生四郎左衛門尉のために討たれる。 八月十一日足利尊氏、征夷大将軍に任ぜらる。
康永　三年（一三四四）甲申	二月これより先、別府幸実・浅羽太郎左衛門尉・同太郎兵衛尉・毛呂八郎等、暦応四年五月以降康永三年二月に至るの間、常陸小田城等の攻略に加わる(毛呂八郎、康永元年八月十二日及び九月十二日「別府幸実軍忠状写」『集古文書』)。
貞和　二年（一三四六）丙戌	十月道教等、追福逆修のため宿谷に六角塔婆を造立する。
貞治　二年（一三六三）癸卯	八月二十六日足利基氏、芳賀高貞等と苦林野に戦いこれを破る。この時毛呂氏は、「白旗一揆ノ勢五千余騎」の中にいた可能性が高い。
至徳　四年（一三八七）丁卯	「至徳四年丁卯五月廿日・妙得禅尼敬白」銘の釈迦如来一尊種子板石塔婆（八〇センチ・金剛般若経偈〈応無所住、而生其心〉）が毛呂城跡より出土する。
応永　二年（一三九五）乙亥	一月十三日、慧倫禅門没する（小田谷長栄寺墓地宝篋印塔、銘「慧倫禅門　應永二年　乙亥正月　十三日逝」毛呂氏の誰か）。 七月二十六日銘の阿弥陀一尊種子板石塔婆（六五・〇センチ・長栄寺に遺存する）。

応永　二十年（一四一三）癸巳	六月一日、藤原授衣名禅音（毛呂氏）・沙弥道用、平沢村金剛寺大般若経及び大乗経を越生法恩寺へ寄付する。
応永二十一年（一四一四）甲午	二月一日、本空禅尼没する（毛呂本郷妙玄寺墓地、銘「本空禅尼應永二十一年二月一日」毛呂氏の誰かか）。 十一月十八日、越生主計允入道宏忠、入西郡越生郷上野村内の地を毛呂左近将監入道妻藤原女へ銭四貫八百文で売り渡す。
	同月、毛呂左近将監入道妻藤原氏、買得地を報恩寺へ券状を添えて寄進する。
応永三十三年（一四二六）丙午	越生山城次郎入道宏秀之門族、忠秀、以毛呂郷内限四至、寄附曇秀律師文、有別 同七月十六日　忠秀 兵部郷律師御房
永享　元年（一四二九）己酉	尼禅音、粟（栗）坪（クリツボとルビ有り・『越生の歴史』は、大字越生の小字とする）の田一段を法恩寺へ寄進する。
永享　三年（一四三一）辛亥	秋、鎌倉公方足利持氏、臥龍山の社殿を瓦葺に造営すると伝わる『臥龍山宮伝記』）。
永享　八年（一四三六）丙辰	五月十五日、尼禅音栗坪の田一段を法恩寺へ寄進する。
永享　十二年（一四四〇）庚申	七月四日、上杉憲信・長尾景仲、結城党一色伊予守と武蔵村岡河原に戦い、これを破る。毛呂三河守、憲信方に従う。勝呂豊後守、一色方に従い二十五日上杉持朝のために下野足利に誅せらる（『鎌倉大草紙』）。
嘉吉　二年（一四四二）壬戌	四月五日、毛呂左近将監妻禅音、上野村辻堂南之田を法恩寺へ寄進する。
宝徳　二年（一四五〇）庚午	三月十六日、沙弥聞阿、来迎院をもって伯母禅音尼のため本尊阿弥陀如来を寄進し奉る。
享徳　四年（一四五五）乙亥	六月一日、尼禅音、吾那村高麗端在家一宇田畠山林をもって法恩寺阿弥陀に寄付する。

康正　三年（一四五七）丁丑 九月改元長禄	四月、扇谷上杉持朝、河越城を築く。
文明　元年（一四六九）己丑	この年太田資清（道真）、河越城に宗祇・心敬等と連歌会（河越千句）を催す。
文明　四年（一四七二）壬辰	太田資清・同資長（道灌）、越生龍穏寺を再興する。
文明　七年（一四七五）乙未	十月十八日、入間郡毛呂郷中山薬師堂に、懸仏施入される。
文明　九年（一四七七）丁酉	正月十八日、長尾景春、五十陣（本庄市）を襲い、これを落とす（前年の六月より長尾景春の乱起こる）。 四月十日、武蔵小机城主矢野兵庫助等、河越城を攻めんとし、苦林野に陣する。太田資忠等、勝呂原にこれと戦い勝つ。
文明　十二年（一四八〇）庚子	正月二十日、長尾景春、越生に兵を出す。太田資清、これを撃退する。これより以前、太田道灌、景春与党となった毛呂三河守父子（三河守及び子の左近太郎）を秩父口表（鉢形城）より招きだす。左近太郎（後の顕繁か）上杉顕定に出仕する。また、太田資清（道真）、毛呂三河守とその舎兄毛呂土佐守の知行に就いての紛争を調停する（「太田道灌状」）。
文明　十三年（一四八一）辛丑	以三妙玄大姉（顕重夫人か）生まれる。
文明　十七年（一四八五）乙巳	二月二十五日、紀伊熊野の南弥三郎、武蔵毛呂・越生の檀那を本銭返として十五箇年を限り、城信房に沽却す。
文明　十八年（一四八六）丙午	六月十日太田道灌、万里集九と共に父資清を越生の自得軒に訪い、詩歌会を催す。 七月二十六日上杉定正、太田道灌を相模糟屋の館に謀殺する。
	冬、聖護院道興、河越及びその周辺を巡歴する。
延徳　四年（一四九二）壬子	二月二日、太田資清、越生に没する。

七月改元明応	六月二十八日、堂山最勝寺大般若経（元和田村内裏宮・現春日神社にあったもの）、臥竜山蓬莱神（飛来神か）に於いて書き継がれる。
文亀　二年（一五〇二）壬戌	六月連歌師宗祇、弟子宗長と共に上戸・河越に立寄り江戸に向かう。
永正　元年（一五〇四）甲子	「永正元天七月九日・妙泉禅尼」銘の阿弥陀三尊板石塔婆（57 十《チセン》）毛呂城跡より出土する。 九月二十七日、上杉朝良、同顕定と武蔵立川原に戦う。伊勢長氏・今川氏親、朝良を援く。顕定敗れて鉢形城に退き、朝良河越城に入る。毛呂土佐入道幻世（顕繁か）、戦死者のために念仏鐘を作る。「（阿弥陀種子）　為百万遍念仏所求之鐘四十八ケ於武州立川原合戦々死不知員依之思立者也・永正元年甲子九月廿七日毛呂土佐入道幻世」の銘あり。
永正　三年（一五〇六）丙寅	「永正三年丙子一月廿八日・道林禅門」銘（種子不明・干支不一致）の板碑が毛呂城跡より出土する。
永正　六年（一五〇九）己巳	この年秋、越生出身の名医田代三喜、下総古河にありて、連歌師猪苗代兼載の治療す。 八月十一日連歌師宗長、武蔵勝沼に至り、三田氏宗の許に投宿する。ついで十五日鉢形に至る。 十月連歌師宗長、上野より武蔵に入り、忍・鉢形を経て須賀谷に至り、小泉掃部助の許に投宿する。ついで勝沼を経て江戸に至り、上杉朝良等と連歌を催す。
永正　八年（一五一一）辛巳	十一月二十日、勝沼城主三田弾正忠氏宗三男の（毛呂）秀長、御岳社（東京都青梅市）の修造棟札に、父兄と共にその名が見える。
永正　九年（一五一二）壬申	閏四月十六日、（毛呂）季長、塩船観音寺（東京都青梅市）の仏像修理の胎内墨書名に、父兄と共にその名が見える。

永正年間カ	毛呂季長が仙波仏蔵院（喜多院の前身）主、慶海に宛てた書状が伝存する。 （前文を欠く） 敬白 毛呂平三 □月廿六日　季長（花押） 北坊　御報
大永　三年（一五二三）癸未	三月、栄厳、入西郡岩沢村（現毛呂山町大字大谷木の内）長福寺観音堂に鰐口を施入する。
大永　四年（一五二四）甲申	正月十三日、上杉朝興、北条氏綱に江戸城を攻略され、河越に逃げる。毛呂太郎（顕繁か）、岡本将監等と共に氏綱方に馳付ける（『鎌倉九代後記』・『北條記』）。四月十日、北条氏綱、もろへ往復の者について相模当麻宿に制札を下し毛呂への通行を規制する（「関山文書」）。十月、山内上杉憲房、扇谷上杉朝興毛呂城（小田谷長栄寺付近）を攻め落居させる（『石川忠総留書』）。ついで十日ころ、毛呂要害（阿諏訪龍谷山）を攻撃するが十六日江戸を出発、勝沼（青梅市）に滞留した北条氏綱との和談が翌日成り、毛呂城衆は退去、上州勢（憲房方）が馬入（入城）する（「北条氏綱書状」『上杉家文書』・いわゆる毛呂合戦）。
大永　五年（一五二五）乙酉	毛呂顕重（繁）、老年に及び隠居。毛呂郷小臺（小田谷）に一宇を開基。金嶋山長栄寺と号す（『大谷木家系図』）。
享禄　元年（一五二八）戊子	「大永八年」九月二十五日、大旦那藤原朝臣顕繁（毛呂顕繁）、当社大明神を造立（前年焼失と伝える）する（出雲伊波比神社「大永八年棟札」）。
天文　二年（一五三三）癸巳	八月五日、大明神（毛呂明神・現出雲伊波比神社本殿）檜皮葺大破により瓦葺とする（「大永八年棟札」裏書）。

	毛呂顕重夫人（伊理氏・顕季母）、毛呂に一字を開基する。妙玄寺と号す。（『大谷木家系図』）
天文　四年（一五三五）乙未	九月十一日、毛呂土佐守顕季、願主藤女のため越生郷恒弘名内岩峯山安楽寺（現越生町梅園神社）を修理する（同社棟札）。
天文　六年（一五三七）丁酉	七月十五日、北条氏綱、上杉朝定の河越城を攻略する。『河越記』に「毛呂山八左にあたりてかすか也」とある。
天文　十二年（一五四三）癸卯	八月二十八日、龍穏寺第七世住持節庵良筠、『長昌山龍穏寺境地因縁記』を著し、毛呂氏の来住説話を伝える。また、「天文のころ、藤原氏季綱王の末孫、その子毛呂土佐守善次・毛呂左近太郎、法名は一田幻世庵主、吾を請いて長栄の境に住せしめ、開山となす」とある。
天文　十三年（一五四四）甲辰	三月十四日、毛呂土州内経宗（法名）没する（東秩父村「浄蓮寺過去帳」）。 十月二十八日、龍穏寺七世節庵良筠、この日寂する（龍穏寺過去帳）。
天文　十五年（一五四六）丙午	毛呂土佐守（義可か）、河越城包囲の古河公方足利晴氏の陣所へ鷹一羽を献上する（小浜市立図書館酒井家文庫蔵）。 四月二十日、北条氏康、河越夜戦に勝利し、上杉朝定敗死する。ついで氏康、松山城も攻略する（扇谷上杉氏滅亡）。 八月二十八日、岩付城の太田資正、松山城を奪回する。 十二月二十七日、毛呂佐渡守顕繁（顕重）卒。法号長栄寺殿一田幻（玄）世庵主（『大谷木家系図』）。
天文　十六年（一五四七）丁未	十二月、北条氏康、松山城を攻める。毛呂氏、浅羽・宿谷氏等これに与する。城将上田氏、味方を裏切り北条勢を城内に引き入れ落城する。
天文二十三年（一五五四）甲寅	九月二十三日、顕繁夫人（伊理氏）卒。歳七十四、葬妙玄寺。法号以三妙玄大姉（『大谷木家系図』等）（妙玄寺と阿諏訪伊理長平氏墓地に墓あり）。

永禄　二年（一五五九）己未	北条氏康、上田又次郎政広（闇礫斎）を内通させ、塀和・笠原・多米氏等に松山城を攻めさせる。毛呂氏、浅羽・宿谷・横山氏等とこれに加わる。松山落城し、氏康の持ち城となる（『関八州古戦録』）。
永禄　三年（一五六〇）庚申	この頃成立の『関東幕注文』に武州勝沼衆として「毛呂　かりかねのもん」、下野国足利衆として「毛呂安芸守　かりかね」の名が見える。十一月十二日、長尾景虎（上杉謙信）、市田氏に条書を送り、毛呂土佐守前等の知行安堵を約束する。
永禄　四年（一五六一）辛酉	三月六日、大石源三（北条）氏照、大道寺・浅羽・毛呂氏等を率いて多磨・都築両郡の間で長尾景虎（上杉謙信）軍と戦うも敗れる（『関八州古戦録』）。 閏三月、忍城主成田長泰、上杉政虎（謙信）の関東管領就任の陣中、不快のことあり、別府・玉井・小田・久下氏等の旗本侍と共に上杉政虎（謙信）の陣を退去する。毛呂氏も本居へ引き返すという（『北越軍談』）。 閏三月、浅羽右近将監、毛呂豊後守等軍勢二千余人、上杉政虎（謙信）退去の後陣を襲う（『北越軍談』）。 七月二十五日、太田資正、入間川辺に駐屯して河越城を攻める。河越城主北条氏時、毛呂豊後守等援兵と立て籠もる。その後的場郷にて河越勢と合戦（『北越軍談』）。 九月カ、太田資正、長瀬（現毛呂山町）で江戸衆を打取った平岡孫六に感状を与える。
永禄　七年（一五六四）甲子	一月八日、北条氏康・氏政、国府台に里見義弘・太田資正を破る（第二次国府台合戦、『関八州古戦録』）。毛呂氏これに従う。
天正　元年（一五七三）癸酉	七月十九日、足利義昭、京都を追われ、室町幕府滅びる。
天正　四年（一五七六）丙子	この頃、七月八日、北条氏政、毛呂土佐守に書状を与え、榎本城の本意が遂げられたこと、子息佐衛門丞の病気平癒を喜び、小山城（小山秀綱）も近く落居するだろうと伝える（林文書『新編埼玉県史』）。

天正　五年（一五七七）丁丑	七月二日、清心院妙儀（松山之内毛土［毛呂土佐守か］息女）没する（鎌倉『妙本寺大堂常什回向帳』）。
天正七年（一五七八）己卯	三月、御館の乱起こる。上杉景勝、三郎景虎（北条氏政弟）を攻める。北条氏の軍勢景虎救援のため発向し、毛呂氏・勝呂氏等これに従う（北条記）。
天正　九年（一五八一）辛未	八月十日、毛呂太郎長吉、皆川表の合戦に初陣し、敵を討ち取る（『新編武蔵風土記稿』、『坂戸市史』）。
天正　十六年（一五八八）戊子	正月五日、北条氏照、茂呂（毛呂）大明神の梵鐘を軍用に徴収する。 『小田原一手役書立写し』（後北条氏方の守りを示したもの）に「毛呂又十郎」の名が見える。
天正　十八年（一五九〇）庚寅	四月下旬、河越城及び松山城、前田利家等に下る。 毛呂顕季、武州八王子に戦死すると伝える（『大谷木家系図』）。 毛呂越後守顕綱（顕季弟・大谷木氏祖）武州八王子城に死すと伝える（前掲系図）。 六月二十四日、八王子城落城する。（『家忠日記』） 七月五日、小田原城陥る。 毛呂太郎長吉、父戦死後蟄居すると伝える。
天正　十九年（一五九一）辛卯	毛呂太郎長吉、大神君（徳川家康）に仕える。
文禄　三年（一五九四）甲午	毛呂仙千代重吉（顕季二男）早世。
文禄　四年（一五九五）乙未	十一月、毛呂太郎長吉、武州新堀に三百石を賜わる。
文禄　五年（一五九六）丙申	三月二十九日、鎌倉妙本寺僧日衛（日惺弟子　毛呂土佐守息）十五才で病死する。法名利雄院日衛（『妙本寺大堂常什回向帳』）。
慶長　十二年（一六〇七）丁未	正月二十二日、毛呂太郎長吉卒。法名　密傳宗印大居士
寛永　十二年（一六三五）乙亥	川越本町榎本弥左衛門忠重（十一才）、毛呂長兵衛に手習と謡曲を習う（『三子より之覚』）。

寛永　十四年（一六三七）丁丑	酒井忠勝家中分限帳（小浜藩）に「同（百五拾石）毛呂忠右衛門」とある。
寛永　十七年（一六四〇）庚辰	四月十六日、毛呂長兵衛（「十六日　辰四　宗浄　花厳院　毛呂長兵衛殿」）没する（行伝寺過去帳）。
元禄　十五年（一七〇二）壬午	長吉孫（十兵衛長正子）毛呂治部右衛門長敬（書院番・腰物奉行・納戸頭・廩米二百俵）死す。年七十四。深川の善徳寺に葬る。後代々葬地とする。
享保　十六年（一七三一）辛亥	八月二日、毛呂源五右衛門長恭死す。年五十四。
宝暦　十年（一七六〇）庚辰	九月十日、毛呂友三郎長季死す。年七十八。
寛政　六年（一七九四）甲寅	三月二十七日、毛呂源五右衛門長清死す。年七十七。
文政　八年（一八二五）乙酉	七月、臥龍山神主紫藤岩吉代斎藤義彦、堀込村名主伊太郎、出雲伊波比神社の修理助成を旗本毛呂金三郎及び旗本大谷木辰太郎に嘆願する（穐山家文書）。
嘉永　七年（一八五四）甲寅	九月、若狭国小浜藩（酒井修理大夫）藩士山田九太夫吉令（よしのり）小田谷長栄寺に『毛呂山田系図』を納める。
明治　十五年（一八八二）壬午	九月、山田吉令、大谷木季利等によって大谷木箱根神社脇に『季光公之碑』建てられる。
昭和三十六年（一九六一）	三月五日、『埼玉史談』に「毛呂土佐守と毛呂氏系図」（岩田邦治・利雄）発表される。
昭和四十五年（一九七〇）	九月十七日、『埼玉新聞』に「埼玉毛呂村のことなど」（毛呂清輝）発表される。
昭和四十九年（一九七四）	『毛呂家系譜』（山形県鶴岡市、毛呂百人編）できる。
昭和五十一年（一九七六）	四月一日、『埼玉史談』に「武蔵国西部の在地領主について―勝沼衆毛呂氏等の考察―」（湯山　学）発表される。
昭和五十三年（一九七八）	一月三十一日、『毛呂山町史』刊行され、「毛呂氏」（村本達郎氏稿）発表される。

平成　五年（一九九二）	三月三十一日、毛呂山町史料集第三集『源頼朝の重臣　毛呂季光―在地領主毛呂氏の活躍―』（毛呂山町教育委員会）刊行される。内野勝裕編集する。
平成二十二年（二〇一〇）	十月八日、『新毛呂山町史』（毛呂山町）刊行される。毛呂氏について内野勝裕執筆する。
平成二十七年（二〇一五）	三月二十五日、毛呂山町史料集第九集・毛呂山町歴史民俗資料館第十八回特別展図録「鎌倉御家人毛呂季光の活躍と末裔たち」刊行される。 三月から九月、「毛呂氏館跡」（山根城）の発掘調査が行われる。

あとがき

毛呂氏の研究は私のライフワークの一つである。おそらく私にとって最後の出版となるであろうこの本をまつやま書房に託すことにした。同社会長の山本正史とは一歳違い（私が一つ上）だが正に同世代である。しかし同氏の生き方は、私とは正反対、非常にたくましい生き方である。私の最初の出版『榲寮碩布と春秋庵をめぐる人々』（昭和六十一年刊）も、まつやま書房であったが、以来四十年山本正史には編集者としてだけでなく一人の人間としていつもリスペクトの念を抱いている。第一、彼の笑顔がいい。まつやま書房にこの本の出版をゆだねる所以である。

毛呂氏について今まで『埼玉史談』（埼玉県郷土文化会）や『あゆみ』（毛呂山郷土史研究会）等に、しばしば発表し続けてきた。今回はこれらの論考をほぼ時代順に並べて一冊としたものである（但し、初出原稿に加筆訂正を加えてある）。したがって内容にタブリがあったり、書式もまちまちで統一されておらず読みずらい所も多いと思われるがご容赦を願いたい。是非興味のあるところから読んで頂ければ幸いである。また、巻末は毛呂氏と直接・間接に関わりのある事項について筆者の視点を述べたものである。こちらの小論についても何卒お目通しを願いたい（参考文献は、主に本文中に記した)。

筆者がここまで毛呂氏にこだわってきたのは、四〇〇年の長きにわたって地元毛呂郷の領主であり続けたことである。その祖毛呂季光は鎌倉殿(源頼朝)から例の十三人のはるか上をいく厚遇を受けた。毛呂季光は、頼朝にとって十三人のような手駒ではなかったのである。また戦国時代の毛呂顕繁・顕季は山内上杉氏、扇谷上杉氏や後北条氏の間にあって極めて重要な働きをしているのである。しかし、これらを正当に評価している研究者は数人にとどまる。ましてや山内上杉氏、古河公方、上田氏に仕えたもう一人の毛呂土佐守(比企毛呂氏)がいたこと気づいている研究者はほとんどいない。本書の眼目はこうしたことを理解して頂くところにある。

本書を刊行するにあたり出雲伊波比神社、長栄寺、妙玄寺、高福寺の町内社寺や毛呂山町歴史民俗資料館には貴重な文化財の掲載許可を頂いた。また、杉田鐘治氏、大谷木久代氏、山田潔氏、毛呂敏弘氏、紫藤三千代氏、増田泰之氏、小川義雄氏、西川正己氏、内野信子氏、大圖口承氏、故毛呂千鶴夫氏、故小川喜内氏、故小室健二氏、故岡野恵二氏にも感謝申し上げる。その他お世話になった関係各位に厚く御礼申し上げます。

最後に、まつやま書房、現社長山本智紀氏には、多彩なアイデアを駆使した編集をはじめ、細かいところまで御配慮頂いた。まつやま書房スタッフの皆様と共に感謝を申し上げる。

著者略歴

内野 勝裕（うちの まさひろ）

昭和 20 年（1945）埼玉県毛呂山町に生まれる。
昭和 43 年（1968）早稲田大学教育学部卒業。

◎職歴

埼玉県公立学校教員。定年退職後、埼玉医科大学非常勤講師、
毛呂山町史編さん専門調査員、毛呂山町歴史専門調査員等を歴任

◎現在

毛呂山町文化財保護審議委員会委員長
埼玉県文化財保護協会評議員
埼玉県郷土文化会（『埼玉史談』）会長

◆主要編著書

『橿寮碩布と春秋庵をめぐる人々』まつやま書房
『埼玉俳諧人名辞典』さきたま出版会
『出雲伊波比神社』さきたま文庫 65
『新毛呂山町史』毛呂山町
『江戸時代人づくり風土記 ⑩ 埼玉』農文協（部分）
『俳文学大辞典』角川書店（部分）
『埼玉人物事典』埼玉県（部分）

毛呂季光《もろすえみつ》—頼朝に仕えた名門一族八百年の軌跡—

2025 年 3 月 15 日　初版第一刷発行

著　者　内野　勝裕
発行者　山本　智紀
印　刷　日本Gマーケティング株式会社
発行所　まつやま書房
〒 355 － 0017　埼玉県東松山市松葉町 3 － 2 － 5
Tel.0493 － 22 － 4162　Fax.0493 － 22 － 4460
郵便振替　00190 － 3 － 70394
URL:http://www.matsuyama － syobou.com/

ISBN 978-4-89623-227-1　C0021